환·난·전·휴·거·와·전·천·년·설·에·입·각·한

The Second Coming of Jesus Christ and the End of the Age

예수 그리스도의 재림과 세상의 종말

이성진 목사(D.Min.)

환난 전 휴거와 전 천년설에 입각한

예수 그리스도의
재림과
세상의 종말

초판발행 | 2020년 6월 16일
지 은 이 | 이성진
펴 낸 이 | 이성진
기　　획 | 박중정
디 자 인 | 차숙연
발 행 처 | 만나서원
출판등록 | 2019년 9월 30일 제 2019-000007호
주　　소 | 전라남도 목포시 남악1로52번길 83, 113동 1505호
전　　화 | (061) 277-0182
판권소유 | 만나서원

■ ISBN 979-11-968294-2-1
■ 정가 : 11,000원
■ 파본은 바꾸어 드립니다.

환·난·전·휴·거·와·전·천·년·설·에·입·각·한

The Second Coming of Jesus Christ and the End of the Age

예수 그리스도의 재림과 세상의 종말

이성진 목사(D.Min.)

이 책을 저의 가장 소중한 지체인
목포성서침례교회의 성도님들께 드립니다.

목차 C·O·N·T·E·N·T·S

책을 내면서   8

추천서   11

Chapter 1
마지막 시대를 향한 노아의 교훈   15

Chapter 2
예수 그리스도의 재림의 **징조**   29

Chapter 3
예수 그리스도의 **재림**   51

Chapter 4
칠년 **대환난**   73

Chapter 5
사탄, **적그리스도**, 거짓 선지자　　　　　　　　　107

Chapter 6
천년**왕국**　　　　　　　　　　　　　　　　　131

Chapter 7
백보좌 **심판**과 지옥　　　　　　　　　　　　147

Chapter 8
천국의 영광　　　　　　　　　　　　　　　161

Chapter 9
하나님의 **시간표**　　　　　　　　　　　　　179

참고문헌　　　　　　　　　　　　　　　　　199

| 책을 내면서 |

    이 시대는 노아의 시대와 같이 죄가 관영하고 영적으로 어두운 시대입니다. 동이 트기전이 가장 어둡듯이 영적으로 혼탁하고 도덕적인 타락으로 가장 어두운 시대가 우리가 살아가는 시대입니다. 이러한 시대에 우리는 주님의 말씀대로 깨어 기도하며 주님의 오심을 준비하는 그리스도인들로 무장해야 합니다.

    최근에 코로나 19가 전 세계를 위기로 몰아가며 2020년 6월 현재 185개 국가에서 육백만 명 이상이 감염되고 사십만 명 이상이 사망하는 아픔을 겪고 있습니다. 계속되는 지진과 화산폭발, 그리고 기근과 홍수 등은 이 시대가 마지막 시대라는 사실을 일깨워주고 있습니다. 마지막 시대에 이단들은 잘못된 종말론으로 사람들을 미혹하고 있습니다.

    기독교 안에서도 성경에서 가르치는 칠년 대환난과 천년

왕국에 대하여 제대로 이해하지 못하는 사람들이 많이 있습니다. 어떤 사람들은 교회의 휴거를 칠년 대환난이 마친 후에 일어난다고 하는 환난 후 휴거를 믿습니다. 어떤 사람들은 예수 그리스도의 재림이 천년왕국이 끝난 후에 오신다는 후천년설을 믿거나 아예 천년왕국을 부정하는 무 천년설을 믿기도 합니다. 이러한 종말론에 대한 이해의 부족은 교회를 향한 하나님의 계획을 오해하거나 잘못된 길로 빠져들게 하는 이유이기도 합니다. 교회는 올바른 종말론으로 세상에 해답을 주어야 합니다.

저자는 종말론을 환난 전 휴거와 전 천년설에 입각하여 설명했습니다. 예수 그리스도께서 공중으로 재림하실 때에 휴거가 일어나고, 지상에서는 칠년 대환난이 시작됩니다. 그리고 칠년 대환난은 예수 그리스도께서 지상으로 재림하실 때에 아마겟돈 전쟁으로 끝나게 됩니다. 그리고 이 땅에 오신 예수 그리스도께서는 수도인 예루살렘에서 천년동안 온 세상을 통치하십니다. 천년왕국이 끝나면 하나님께서는 의인들을 영원한 천국으로 인도하실 것이나, 죄인들은 영원한 지옥에서 심판하실 것입니다.

 올바른 종말론을 이해하는 것은 바른 믿음으로 살아가게 하는 요소입니다. 마지막 시대를 살아가는 성도들은 주님의 재림을 사모해야 합니다. 우리 모두가 '마라나타 주 예수여 오시옵소서'라는 진실된 고백으로 살아가는 성도가 되기를 소망합니다.

2020. 4. 8.

목포성서침례교회 이성진 목사

| 추 천 사 |

　지금은 시대적으로 주님의 재림이 가까이 왔음을 알 수 있습니다. 민족과 민족의 불화, 부모와 자녀 간의 불화가 일어나 인간관계가 무너짐으로 서로 미워하고 죽이고 사랑이 사라지는 소식이 날마다 들려오고 있습니다. 또한 이 시대는 노아의 때와 소돔과 고모라의 때처럼 음행이 넘치는 시대입니다. 사람들이 자신의 욕정을 채우기 위해 부끄러운 일들도 서슴치 않고 행하고 있습니다. 그뿐만 아니라 처처에서 지진과 기근이 넘쳐나고 있으며, 곳곳에서 자신이 '예수'라고 하는 이단들이 일어나고 있습니다.

　이런 시대적인 현상에도 불구하고 종말에 관한 올바른 메시지를 듣기가 쉽지 않습니다. 이런 때에 예수 그리스도의 재림에 관한 메시지를 들을 수 있다는 것은 참으로 큰 축복이라고 생각합니다. 그런 의미에서 저는 이 책을 읽는 독자들에게 시대를 올바르게 분별하게 하고, 예수 그리스도의 재림을 준비하는 올바른 믿음을 세울 수 있는 책이라 생각합니다. 특히 신학생들과 청소년들에게 큰 도움이 되고 그리스도의 신부로서 정결한 삶을 사는데 큰 유익이 되리라 확신합니다.

'환난 전 휴거와 전 천년설에 입각한 예수 그리스도의 재림과 세상의 종말'이라는 제목처럼 마지막 시대를 살아가고 있는 우리가 주님의 재림을 준비하는데 꼭 필요한 책이라 믿고 적극적으로 추천합니다.

독산동 성서침례교회 원로 목사

주 견 식 목사

| 추 천 사 |

'학문의 여왕은 신학'이라고 합니다. 그 중에 종말론은 신학의 옳고 그름을 가늠하는 시금석의 역할을 합니다. 말세의 한 모퉁이에 살고 있는 이 시대에 성경적으로 바른 종말론이 우리에게 필요합니다.

많은 한국 교회들은 예수 그리스도의 재림 시 성도와 교회가 '대환난'을 참여하는 '환난 통과설'을 믿으며 후 천년설 입장을 취하고 있습니다. 하지만 우리 근본주의 침례교회는 성경을 문자적, 문법적, 그리고 역사적으로 해석합니다. 특히 요한계시록을 미래주의적 입장에서 해석하기에 교회와 이스라엘은 분명히 다른 것으로 믿고 있기에 우리는 '환난 전 휴거설'과 '전천년설'을 믿습니다.

이성진 목사님이 쓰신 '환난전 휴거와 전천년설에 입각한 예수 그리스도의 재림과 세상의 종말'은 우리가 믿고 확신하는 종말론을 쉽고 명쾌하게 설명하였습니다. 이 책을 읽게 되는 모든 독자들에게는 그리스도의 다시 오심을 소망하며 복음전도의 사명에 뜨거운 열정을 불같이 타오르게 하리라 믿습니다.

행당동 성서침례교회 이충세 목사

The Second Coming of Jesus Christ
and the End of the Age

Chapter 1

마지막 시대를 향한 노아의 교훈

"그러나 노아는 여호와께 은혜를 입었더라 노아의 사적은 이러 하니라 노아는 의인이요 당세에 완전한 자라 그가 하나님과 동행 하였으며"(창 6:8-9).

우리는 노아가 살았던 세대와 같이 죄가 관영하고 마음의 생각과 계획이 악한 시대를 살아가고 있습니다. 죄는 에덴동산에서 아담의 불순종함으로 시작되었습니다. 에덴동산에서 아담이 죄를 범하자 땅은 저주를 받아 가시덤불과 엉겅퀴를 내었습니다. 노아 시대는 죄로 인하여 하나님의 진노를 가져왔고 마침내 온 세상이 홍수로 멸망당했습니다. 수세기 이후에 함의 자손인 가나안 족속들은 우상 숭배로 하나님 앞에서 가증한 백성이 되었습니다. 그들의 악한 죄는 땅을 더럽혔고 마침내 땅은 그들을 토해 버리게 됩니다(레 18:27-28). 이는 하나님께서 가나안 족속을 이스라엘 민족을 통하여 멸하신 것을 의미합니다.

죄가 관영한 시대임에도 불구하고 노아는 어두운 세상에 동화되지 않고 하나님과 동행했던 믿음의 사람이었습니다. 성경은 노아에 대하여 이렇게 묘사합니다. "노아의 사적은 이러하니라 노아는 의인이요 당세에 완전한 자라 그가 하나님과 동행하였으며"(창 6:9). 우리도 노아처럼 어둡고 타락한 세상 가운데 살아가지만 하나님의 뜻을 행하는 자가 되어야 합니다. 노아는 영적으로 깨어있는 자였기 때문에 하나님의 심판을 미리 알고 방주를 예비하여 구원을 얻을 수 있었습니다. 따라서 우리도 영적으로 깨어 세상의 끝이 오고 있음을 분명히 알고 주님의 재림을 준비하는 자가 되어야 합니다.

노아는 예수 그리스도의 재림을 기다리는 우리에게 그의 삶을 통하여 어떠한 삶을 살아야 하는 지에 대한 영적인 교훈을 가르치고 있습니다. 하나님의 심판이 임박한 시대를 살았던 노아가 우리에게 주는 메시지는 무엇인가요?

노아는 하나님 앞에서 홀로 서는 믿음을 보여줍니다.

"노아의 사적은 이러하니라 노아는 의인이요 당세에 완전한 자라 그가 하나님과 동행하였으며"(창 6:9).

노아가 살던 시대는 죄가 관영하고 마음의 생각이 악했습니다. "여호와께서 사람의 죄악이 세상에 관영함과 그 마음의 생각의 모든 계획이 항상 악할 뿐임을 보시고 땅 위에 사람 지으셨음을 한탄하사 마음에 근심하시고"(창 6:5-6). 하나님께서는 사람을 지으심을 한탄하시고 마음에 근심하셨습니다. 왜냐하면 사람의 죄악이 세상에 관영했고 모든 마음의 생각이 항상 악했기 때문입니다. 이는 세상이 하나님의 창조의 목적을 벗어나 사탄의 유혹을 이기지 못하고 죄를 범하여 악이 가득했기 때문입니다. "때에 온 땅이 하나님 앞에 패괴하여 강포가 땅에 충만한지라"(창 6:11). 노아가 살던 시대는 하나님 앞에서 온 땅이 부패하고 타락하였으며 폭력이 가득했습니다. 노아의 시대를 살아가던 사람들은 하나님을 두려워하지 않았으며, 하나님의 형상인 사랑과 인자와 같은 선의 본성은 찾아볼 수 없었습니다. 노아는 타락한 세상을 본받지 않고 오직 믿음으로 하나님과 함께 살아가는 홀로서기를 하고 있었습니다.

주님은 재림에 대한 교훈을 주시며 마지막 시대를 노아의 시대로 비유하셨습니다. "노아의 때와 같이 인자의 임함도 그러하니라 홍수 전에 노아가 방주에 들어가던 날까지 사람들이 먹고 마시고 장가들고 시집가고 있으면서 홍수가 나서 저희를 다 멸하기까지 깨닫지 못하였으니 인자의 임함도 이와 같으리라 … 그러므로 깨어 있으라 어느 날에 너희 주가 임할는지 너희가 알지 못함이니라"(마 24:37-39, 42-43). 주님은 노아 시대의 사람들이 얼마나 하나님의 말씀에 무관심했는지 말씀하십니다. 그들은 먹고 마시고 장가들고 시집가는 일로 분주하다가 하나님의 심판인 홍수로 멸망하였습니다. 이에 주님은 우리에게 영적으로 깨어 있으라고 권면하십니다. 왜냐하면 주님이 언제 다시 오실지 알 수 없기 때문입니다. 영적으로 어두운 시대를 살아가는 우리는 더욱 깨어 주님을 의지하며 믿음으로 홀로서는 삶을 배워야 합니다.

노아는 하나님의 은혜 안에 거하는 삶을 보여줍니다.

"그러나 노아는 여호와께 은혜를 입었더라"(창 6:8).

하나님은 사랑으로 사람을 지으셨지만 사람의 죄악은 하나님의 마음을 근심하게 했습니다. 사람의 죄악으로 인하여 하나님께서는 사람을 지으셨음을 한탄하셨습니다. 아담의 타락 이후로 사람들은 하나님을 떠나기 시작하였고 결국 세상에는 죄가 관영했습니다. 죄는 전염병과 같이 사람들을 감염시켰고, 세상은 점점 부패하고 타락해 갔습니다. 하지만 어두운 세상 가운데서도 노아는 하나님과 동행하는 삶을 살았기 때문에 하나님의 은혜를 입은 자가 되었습니다.

노아가 얻은 하나님의 은혜는 하나님과 동행하며 의로운 삶을 살아가는 것이었습니다. 세상의 죄악으로 인하여 하나님의 진노가 임할 때에 하나님께서는 노아에게 세상을 심판하실 계획을 미리 알려주셨습니다. "하나님이 노아에게 이르시되 모든 혈육 있는 자의 강포가 땅에 가득하므로 그 끝날이 내 앞에 이르렀으니 내가 그들을 땅과 함께 멸하리라"(창 6:13). 하나님께서는 세상의 마지막이 이르렀고 사람들을 땅과 함께 멸하시겠다고 하셨습니다. 이때 하나님께서는 노아에게 방주를 만들라고 하셨습니다. "너는 잣나무로 너를 위하여 방주를 짓되 그 안에 칸들을 막고 역청으로 그 안팎에 칠하라"(창 6:14). 방주를 만들 때에 하나님께서는 방주에 역청을 발라 외부의 물이 방주 안으로 들어오지 못하도록 하셨습니다. 우리는 방주에 역청을 바르라는 명령을 통해 하나님의 구원의 의미를 발견할 수 있습니다. 역청의 뜻은 히브리어로 '코페르'로 '덮는다, 깨끗하게 하다'는 의미를 가지고 있습니다. 역청의 코페르와 죄를 속죄하는 대속은 같은 어원을 가지고 있습니다. 대속의 원어적 의미인 코페르는 '값을 지불하여 속죄하다'입니다. 이는 우리의 죄 값을 지불하시는 예수 그리스도의 보혈의 능력을 상징하는 것입니다. 예수 그리스도의 보혈이 죄를 속죄하여 깨끗하게 하듯이, 역청은 방주안으로 물이 침투하지 못하게 함으로써 방주 안에 거하는 자들을 지켜주었습니다. 즉 방주는 심판 때에 예수 그리스도 안에 거하는 자들이 얻을 구원을 상징하는 것입니다.

하나님의 계획을 알게 된 노아는 선지자적인 삶을 살았습니다. 왜냐하면, 노아는 심판이 임박한 시대를 분별할 수 있었고, 그 시대에 필요한 구원의 메시지를 전했기 때문입니다. 마지막 시대를 살아가는 우리는 노아와 같이 하나님의 은혜 아래 거하는 법을 배워야 합니다. 자신의 힘과 지혜를 의지하는 삶은 결국 실패할 수밖에 없습니다. 그러나 우리를 구원하시기 위하여 십자가에서 죽으시고 부활하신 예수 그리스도를 믿고 의지하여 살아가는 것은 하나님의 은혜 아래 거하는 삶이 되게 합니다.

우리는 노아와 같이 하나님의 은혜를 풍성히 얻은 하나님의 자녀들입니다. 하나님께서는 우리를 사랑하사 독생자 예수 그리스도를 보내셨고, 우리는 그분을 개인의 구주로 믿어 새 생명을 얻었습니다. 이제 우리는 하나님의 은혜를 입어서 하나님을 아바 아버지라 부를 수 있는 특권을 얻었습니다. "너희는 다시 무서워하는 종의 영을 받지 아니하였고 양자의 영을 받았으므로 아바 아버지라 부르짖느니라"(롬 8: 15). 우리는 하나님이 주신 양자로서의 영을 받았기에 하나님을 아버지라고 부르며 친밀한 교제를 누립니다. 그러므로 우리는 하나님이 주신 은혜에 감사하며 더욱 믿음으로 살아가야 합니다.

노아는 말씀에 순종하는 삶을 보여줍니다.

"노아가 그와 같이 하되 하나님이 자기에게 명하신대로 다 준행하였더라"(창 6:22).

노아의 믿음은 순종하는 믿음이었습니다. 노아는 자신의 생각보다 하나님의 뜻을 더욱 소중히 여겼습니다. 어느 날 노아는 방주를 만들라는 사명을 받습니다. "너는 잣나무로 너를 위하여 방주를 짓되 그 안에 간들을 막고 역청으로 그 안팎에 칠하라 그 방주의 제도는 이러하니 장이 삼백 규빗, 광이 오십 규빗, 고가 삼십 규빗이며"(창 6: 14-15). 노아가 만들어야 할 방주는 엄청난 규모의 배였습니다. 노아의 방주는 그 크기가 높이 14m, 폭이 23m, 길이 137m 가 되는 규모였습니다. 잔센이라는 사람이 방주의 규모와 당시의 동물들의 규모에 대하여 연구했습니다. 이러한 규모는 125,000마리의 양을 실을 수 있는 규모라고 합니다. 오늘날 살고 있는 포유류가 3500여종, 조류는 8600여종, 파충류와 양서류가 3500여종인데, 이러한 동물들을 각 쌍으로 계산할 경우 약 35,000마리가 됩니다. 즉 오늘날 동물들의 규모로 보더라도 35,000마리의 세배나 되는 125,000마리를 실을 수 있는 큰 규모였습니다. 노아는 이러한 큰 규모의 방주를 120년 동안 만들었습니다. 137m의 길이와 14m 높이의 배를 지금으로 부터 오천 년 전에 짓는다는 것은 큰 도전이 요구되는 일이었습니다.

노아는 방주를 자신이 원하는 대로 지은 것이 아니라, 하나님이 설계하신 대로 건조했습니다. 노아의 순종은 하나님을 철저하게 순종하는 믿음의 자세에서 나오는 것입니다. 방주는 잣나무로 만들고, 역청으로 그 안팎에 칠해서 물이 스며들지 않도록 했습니다. 그리고 창을 위에 내고 문은 옆에 내도록 했습니다. 그리고 방주는 상, 중, 하로 이루어진 삼층으로 지어야 했습니다. 이와 같이 노아는 하나님이 주신 사명에 순종하기 위하여 방주를 120년 동안 만들었습니다. 노아는 하나님이 보여주신 명령에 순종하기 위하여 자신의 삶의 상당부분을 포기해야 했을 것입니다. 노아가 방주를 예비하기 위하여 전문가들을 고용하고, 배를 위한 목재를 구입해야 했습니다. 그는 방주를 짓기 위하여 자신이 그동안 모았던 재산을 소비해야 했고, 자신의 소중한 시간을 헌신해야 했습니다. 노아는 하나님이 주신 사명을 성취하기 위하여 많은 희생을 아끼지 않았습니다. 노아는 사명을 포기하지 않고 하나님이 명하신 방주를 온전히 만들어 갔습니다.

노아의 사명은 세상을 구원하는 것이었습니다. 노아가 방주를 만들지 않았더라면 인류는 종말을 맞이했을 것입니다. 노아가 하나님과 동행하지 않고 다른 사람들처럼 죄악 가운데 방황하였다면 하나님의 진노가 임할 때에 아무도 구원받지 못했을 것입니다. 그러나 노아는 하나님과 동행하였기에 하나님의 음성을 듣고 순종했습니다. 그의 순종은 하나님이 주신 은혜를 통하여 그의 가족이 구원받고 인류의 혈통을 유지하게 했습니다. 즉 한 사람의 순종으로 온 인류가 멸망하지 않고 하나님의 새로운 구속의 역사를 시작할 수 있었던 것입니다.

우리는 노아를 본받아 어떠한 희생을 치르더라도 오직 하나님의 말씀만을 붙들고 순종하는 삶을 살아야 합니다.

노아는 세상을 구원하는 전도자의 삶을 보여줍니다.

"홍수가 땅에 있을 때에 노아가 육백 세라 노아가 아들들과 아내와 자부들과 함께 홍수를 피하여 방주에 들어갔고"(창 7:6-7).

노아에 대하여 성경은 의를 전파하였다고 했습니다. "옛 세상을 용서치 아니하시고 오직 의를 전파하는 노아와 그 일곱 식구를 보존하시고 경건치 아니한 자들의 세상에 홍수를 내리셨으며"(벧후 2:5). 하나님은 의를 전파한 노아와 그 일곱 식구를 보존하시고 경건치 아니한 자들을 세상에서 홍수로 심판하셨다고 했습니다. 하나님은 노아를 포함해서 여덟 명의 가족을 구원하셨습니다. 노아의 가족을 구원하는 일에 노아가 쓰임 받게 되고, 그 결과로 인류가 멸망되지 않고 보존되었습니다. "그들은 전에 노아의 날 방주 예비할 동안 하나님이 오래 참고 기다리실 때에 순종치 아니하던 자들이라 방주에서 물로 말미암아 구원을 얻은 자가 몇 명뿐이니 겨우 여덟 명이라"(벧전 3:20).

노아는 세상을 구원해야 할 사명을 가지고 의의 말씀을 전했습니다.

  노아는 시장이나 마을에서 사람들을 모아놓고 하나님의 심판에 대하여 전파하였습니다. 자신이 하나님으로부터 받은 심판의 메시지를 열정적으로 전했지만 아무도 반응하지 않았습니다. 그는 자신의 메시지를 증명하기 위하여 홍수를 대비하기 위한 방주를 120년간 만들었습니다. 노아가 만드는 방주는 그가 전한 메시지의 진실성을 증명하기에 충분했습니다. 그러나 사람들은 노아의 방주에 대하여 회의적이었습니다. 오히려 노아에 대하여 이상하게 생각했습니다. 이는 하나님께서 홍수로 세상을 멸하시기 전까지는 비가 내린적이 없었기 때문입니다. 당시에는 하늘의 궁창에서 수증기가 내려와 땅을 적셨습니다. 사람들은 비나 홍수를 본 적이 없었기 때문에 노아가 전하는 홍수의 심판을 믿지 않았습니다. 노아가 방주를 만들었지만 방주를 띄울 큰 비는 아직 찾아오지 않습니다. 120년간의 수고가 실패로 보이는 듯 했습니다. 120년 동안 노아는 하나님의 말씀을 전했지만 한 사람도 회개하고 돌아오지 않았습니다. 사람들의 눈에 노아의 모습은 비이성적이고 현실과 단절된 사람으로 보였을 것입니다. 세상의 따가운 시선에도 불구하고 노아는 하나님과 동행하며 계속하여 의의 말씀을 전했습니다. 드디어 하나님의 때가 이르자 하늘의 궁창에서 비가 내리고 땅에서 물이 솟아나기 시작했습니다. 세상은 노아가 전한 하나님의 말씀을 거절했기에 홍수에 멸망당했지만, 노아와 그의 가족은 하나님의 은혜로 구원을 받았습니다. 하나님이 구원하신 여덟 명의 사람들과 동물들은 방주에서 안전하게 거함으로 심판을 피하게 됩니다. 영적으로 어두운 시대에 사람들이 귀를 막았지만 그의 가족들이 구원을 받음으로 노아에게 큰 기쁨이 되었고 그들로 인하여 인류가 보존되는 축복을 누렸습니다.

하나님이 우리에게 주신 사명은 그리스도의 복음을 전하는 것입니다. 복음은 하나님의 사랑과 진노의 메시지가 포함된 양날의 검입니다. 그리스도의 보혈의 능력을 믿는 자는 심판의 날에 구원을 얻게 될 것입니다. 그러나 그리스도의 보혈의 능력을 거부하고 자신의 힘을 의지하는 자는 심판의 날에 영원한 지옥 불에 떨어져 고통을 당하게 될 것입니다. 우리는 노아와 같이 세상을 향하여 그리스도의 복음을 담대히 전하는 자가 되어야 합니다. 우리가 전하는 복음으로 한 명을 구원할 수 있고, 한 가족을 구원할 수도 있습니다. 우리가 전하는 복음을 믿음으로 한 민족이 하나님께로 돌아올 수가 있습니다.

우리는 노아의 믿음을 통해서 영적으로 어두운 시대에 경건한 믿음으로 홀로 서는 믿음을 배우게 됩니다. 그리고 노아를 통해서 자신의 힘이 아니라 하나님의 은혜를 입고 살아가는 복된 삶을 배우게 됩니다. 우리는 노아를 통해서 어려운 사명이라 할지라도 그 사명을 위하여 헌신하는 한 사람을 보았으며, 세상을 구원하는 의의 복음을 전하는 믿음을 배우게 됩니다.

The Second Coming of Jesus Christ
and the End of the Age

Chapter 2

예수 그리스도의
재림의 **징조**

"예수께서 감람산 위에 앉으셨을 때에 제자들이 종용히 와서 가로되 우리에게 이르소서 어느 때에 이런 일이 있겠사오며 또 주의 임하심과 세상 끝에는 무슨 징조가 있사오리이까"(마 24:3).

성경은 중보자 되신 예수 그리스도에 관한 책입니다. 주님은 부활하신 후에 제자들에게 "... 모세의 율법과 선지자의 글과 시편에 나를 가리켜 기록된 모든 것이 이루어져야 하리라 한 말이 이것이라"(눅 24:44)고 하셨습니다. 예수님은 구약에 예언된 메시야로서 이 땅에 오셔서 십자가에서 죽으시고 부활하심으로 선지자들의 예언을 성취하셨습니다.

예수 그리스도는 공생애 사역을 하시면서 하늘로 올라가신 이후에 다시 오실 것이라고 약속하셨습니다. "너희는 마음에 근심하지 말라 하나님을 믿으니 또 나를 믿으라 내 아버지 집에 거할 곳이 많도다 그렇지 않으면 너희에게 일렀으리라 내가 너희를 위하여 처소를 예비하러 가노니 가서 너희를 위하여 처소를 예비하면 내가 다시 와서 너희를 내게로 영접하여 나 있는 곳에 너희도 있게 하리라"(요 14:1-3). 주님은 우리를 위한 처소를 예비하신 후에 우리를 그 곳으로 데려가시기 위하여 다시 오십니다. 그리고 주님은 다시는 우리를 떠나지 않으시고 영원히 함께 하신다고 약속하셨습니다.

사도 바울은 주의 만찬을 가르치며 "너희가 이 떡을 먹으며 이 잔을 마실 때마다 주의 죽으심을 오실 때까지 전하는 것이니라"(고전 11:26)고 했습니다. 십자가에 죽으신 예수님은 부활하신 후에 하늘로 승천하셨습니다. 그리고 주님은 이 땅에 다시 오실 것입니다. 그러므로 우리는 예수 그리스도의 재림을 소망하는 믿음의 사람이 되어야 합니다.

예수 그리스도의 재림의 시기는 아무도 알지 못합니다.

> "그 날과 그 때는 아무도 모르나니 하늘의 천사들도, 아들도 모르고 오직 아버지만 아시느니라"(마 24:36)

예수 그리스도의 재림의 날과 때는 아무도 알지 못합니다. 성경은 분명하게 "그 날과 그 때는 아무도 모르나니 하늘의 천사들도, 아들도 모르고 오직 아버지만 아시느니라"(마 24:36)고 가르칩니다. 그러므로 주님의 재림을 '임박한 재림(imminent)'이라고 합니다. 임박한 재림의 의미는 주님은 예고 없이 언제든지 다시 오신다는 뜻입니다. 주님의 재림의 시기는 아무도 알지 못하지만 어느 때에든지 일어날 수 있기 때문입니다. 성경은 주님이 밤에 도적과 같이 오신다고 했습니다. 도적이 아무도 모르게 찾아오듯이, 주님이 다시 오시는 날도 아무도 모릅니다. "주의 날이 밤에 도적 같이 이를 줄을 너희 자신이 자세히 앎이라 저희가 평안하다, 안전하다 할 그 때에 잉태된 여자에게 해산 고통이 이름과 같이 멸망이 홀연히 저희에게 이르노니 결단코 피하지 못하리라"(살전 5:2-3). 주님의 재림은 평안하다 안전하다 할 때에 갑자기 찾아옵니다. 이는 잉태된 여자에게 해산 고통이 찾아오듯이 갑자기 찾아오는 것입니다. 그러므로 성경은 우리가 자지 말고 깨어 있으라고 권면합니다. "그러므로 우리는 다른 이들과 같이 자지 말고 오직 깨어 근신할지라"(살전 5:6). 우리는 깨어 있어 주님의 재림을 준비하는 자가 되어야 합니다.

 열 처녀의 비유에서 슬기로운 다섯 명은 등의 기름을 준비하여 신랑을 맞이했지만, 어리석은 다섯 처녀는 기름을 준비하지 못하여 신랑을 맞이하지 못합니다. 다섯 명의 처녀는 신랑과 함께 혼인 잔치에 들어가지만, 미련한 다섯 명은 혼인잔치의 문이 닫혀 들어가지 못합니다. 그때 신랑은 "내가 너희를 알지 못하노라."고 하며 준비하지 못한 다섯 명을 부인합니다. 주님은 열 처녀의 비유를 통하여 우리에게 깨어 있으라고 하셨습니다. "그런즉 깨어 있으라 너희는 그 날과 그 시를 알지 못하느니라"(마 25:13). 신부가 준비한 등의 기름은 성령을 의미합니다. 구원받은 성도는 성령의 내주하심이 있지만, 구원받지 못한 자는 성령이 없기에 육신적인 삶을 살다가 심판을 받습니다.

 여러분은 주님을 맞을 준비를 하셨는지요? 주님이 언제 오실지 알지 못하기에 우리는 더욱 깨어 기도하며 거룩함으로 단장하여 신랑을 맞이할 준비를 해야 합니다. 사도 바울은 재림의 시기가 가까웠기에 어두움의 일을 벗고 낮에와 같이 단정히 행해야 함을 가르칩니다. "밤이 깊고 낮이 가까웠으니 그러므로 우리가 어두움의 일을 벗고 빛의 갑옷을 입자 낮에와 같이 단정히 행하고 방탕과 술 취하지 말며 음란과 호색하지 말며 쟁투와 시기하지 말며 오직 주 예수 그리스도로 옷 입고 정욕을 위하여 육신을 일을 도모하지 말라"(롬 13:12-14). 주님이 오실 시기가 가까이 다가오는 것을 볼수록 우리는 더욱 깨어 있어 정욕을 위하여 육신의 일을 도모하지 말아야 합니다.

예수 그리스도의 재림의 징조는 무엇인가요?

"어느 때에 이런 일이 있겠사오며 또 주의 임하심과 세상 끝에는 무슨 징조가 있사오리이까"(마 24:3).

어느 날 제자들이 주님께 묻습니다. "어느 때에 이런 일이 있겠사오며 또 주의 임하심과 세상 끝에는 무슨 징조가 있사오리이까"(마 24:3). 주님은 제자들에게 주님의 임하심과 세상 끝에 일어날 징조에 대하여 가르치셨습니다. 우리가 예수님이 오시는 정확한 날은 알 수 없지만 예수님의 가르침을 통하여 재림의 징조를 분별할 수 있습니다. 주님은 바리새인들과 사두개인들을 향하여 천기는 분별할 줄 알면서 시대의 표적은 분별할 수 없느냐고 책망하셨습니다. "... 너희가 천기는 분별할 줄 알면서 시대의 표적은 분별할 수 없느냐"(마 16:3). 우리는 하나님의 말씀을 통하여 재림의 표적을 분별하는 영적인 통찰력을 갖게 됨으로 이 시대에 깨어 있는 믿음의 사람이 되어야 합니다.

성경이 가르치는 예수 그리스도의 재림의 징조에 대하여 이해하는 것은 시대를 분별하기 위한 중요한 영적 통찰력을 제공합니다. 다음은 예수님이 가르치신 재림의 징조들입니다.

나라와의 전쟁이 일어납니다.

"난리와 난리 소문을 듣겠으나 너희는 삼가 두려워 말라 이런 일이 있어야 하되 끝은 아직 아니니라 민족이 민족을, 나라가 나라를 대적하여 일어나겠고…"(마 24:6-7).

20세기 전에는 전쟁이 국가 간의 지역적인 전쟁이었습니다. 그러나 20세기에 들어와서는 세계적인 전쟁으로 규모가 확대되었습니다. 우리는 제1차, 제2차 세계대전으로 인한 엄청난 희생을 목격했습니다. 또한 걸프전을 시작으로 나라간의 전쟁이 지속되고 있고, 테러와의 전쟁과 내전으로 인하여 난리와 난리 소문들을 자주 듣고 있습니다.

주님은 자신이 다시 오실 때에 민족이 민족을, 나라가 나라를 대적하여 일어날 것이라고 하셨습니다. 오늘날의 세계는 시리아의 내전으로 인한 난민과 IS와의 전쟁, 그리고 아프가니스탄과 이라크의 내전들로 피의 분쟁이 지속되고 있습니다. 지금도 중국과 인도의 국경분쟁, 러시아와 동유럽 국가 간의 긴장, 북한과 미국의 핵전쟁의 위협 등이 지속되고 있습니다. 세상은 평화를 원하지만 이 시대는 민족과 민족이 대적하고, 나라가 나라를 대적하는 전쟁들이 끊이지 않고 있습니다.

기근과 지진과 같은 자연재해입니다.

"... 처처에 기근과 지진이 있으리니 이 모든 것이 재난의 시작이니라"(마 24:7-8).

지금 이 시대는 처처에 기근과 지진이 빈번히 일어나고 있습니다. 아프리카의 기근은 수백만 명의 사람들을 기아에 허덕

이게 하고 수많은 사람들을 영양부족으로 사망에 이르게 합니다. 기근으로 인하여 전 세계의 24억의 인구가 하루에 2달러 이하로 하루를 어렵게 버티고 있습니다. 또한 홍수로 인한 자연 재해는 해마다 수많은 사람들에게 고통을 주고 있습니다. 미국은 2017년 허리케인 하비로 인하여 강수량이 1250mm에 달하는 홍수를 만나서 도시가 물에 잠겼고, 그 후에 허리케인 어마로 인하여 플로리다 주의 오백만 명 이상이 대피하는 상황이 일어나기도 했습니다. 2017년 미국에서 허리케인으로 인한 강수량은 1,000년 만에 한번 올수 있는 큰 홍수였다고 했습니다. 2020년 호주는 몇 개월의 산불로 인하여 상당한 국토의 산림이 불에 타는 대재앙으로 사라졌습니다. 2020년에 동부 아프리카에는 3,000억 마리의 메뚜기 떼가 창궐하여 농작물에 큰 피해를 주었고, 극심한 기근 현상이 동반되고 있습니다. 메뚜기 떼로 인하여 동부 아프리카는 일천만 명이 식량위기에 처했고, 수백만 명이 기아상태로 고통을 당하고 있습니다.

  지진도 자주 일어나고 있습니다. 2011년 일본의 후쿠시마의 대지진이 일어나 큰 피해를 주었습니다. 그 후에도 일본은 일년에 수백 차례의 지진이 일어난다고 합니다. 얼마 전에는 멕시코에 지진이 있었고, 호주나 중국, 그리고 네팔 등에서 일어난 지진은 주님께서 처처에 기근과 지진이 있을 것이라고 하신 경고를 생각나게 합니다. 물론 과거에도 기근과 지진이 일어나긴 했지만, 지금은 그 빈도나 강도에서 점점 자주 일어나고 강해지고 있습니다. 연구에 의하면 18세기에는 여섯 번의 큰 지진이 있었고, 19세기에는 일곱 번의 큰 지진이 있었습니다. 그러나 20세기에 이르러서는 백번 이상의 큰 지진이 일어났습니다. 우리는 거의 해마다 일어나는 대지진의 소식을 듣고 있습니다.

앞으로 지구는 더 많은 자연재해를 겪으면서 사람들은 고통을 당하게 될 것입니다. 누가복음 21장 11절은 "처처에 큰 지진과 기근과 온역이 있겠고 …"라고 하면서 전염병의 창궐을 예언했습니다. 최근에 전 세계적으로 코로나 19로 인하여 수백만 명이 감염되고 십오만 명 이상이 사망하는 재앙으로 인하여 국경이 통제되고 경제가 마비되는 위기를 겪고 있습니다. 마지막 시대에는 바이러스로 인한 전염병이 수많은 사람들의 목숨을 빼앗아갈 것입니다. 이미 빌 게이츠는 앞으로 바이러스로 인하여 10억 명 이상이 사망할 수 있다는 경고를 했습니다. 주님은 마지막 때가 이르면 처처에 기근과 지진, 전염병이 있을 것이라고 경고 하셨습니다. 우리는 주님의 말씀을 기억해야 합니다. "이와 같이 너희도 이 모든 일을 보거든 인자가 가까이 곧 문 앞에 이른 줄 알라."(마 24:33). 우리는 문 앞에 가까이 계시는 주님을 볼 수 있어야 합니다.

거짓 그리스도와 선지자의 미혹입니다.

"예수께서 대답하여 가라사대 너희가 사람의 미혹을 받지 않도록 주의하라 많은 사람이 내 이름으로 와서 이르되 나는 그리스도라 하여 많은 사람을 미혹케 하리라"(마 24:4-5).

주님은 우리에게 사람의 미혹을 받지 않도록 주의 하라고 하셨습니다. 왜냐하면 많은 사람이 주님의 이름으로 와서 자신을 그리스도라 하며 많은 사람을 미혹하기 때문입니다. 예수님 이후로 거짓 선지자들이 나타나 많은 사람들을 미혹했습니다. 요한일서는 적그리스도에 대하여 경고하고 있습니다. "아이들아 이것이 마지막 때라 적그리스도가 이르겠다 함을 너희가 들은 것과 같이 지금도 많은 적그리스도가 일어났으니 이러므로 우리가 마지막 때인 줄 아노라"(요일 2:18). 적그리스도는 예수가 그리스도이심을 부인하고 스스로를 그리스도의 위치에 서서 사람들을 미혹하는 자입니다.

최근에 우리나라에서도 많은 거짓 그리스도와 거짓 선지자들이 일어나 사람들을 미혹하고 있습니다. 최근에 한국에서 대표적으로 교세를 확장하는 이단이 신천지입니다. 신천지는 비유풀이와 요한계시록을 잘못 해석하며 사람들을 미혹합니다. 또 하나님의 교회는 안상홍 스스로가 하나님의 위치에 앉아 사탄과 같은 일을 행하지만 많은 사람들이 그를 따르고 있습니다. 그리고 통일교는 문선명이 스스로를 태양과 달로 비유하며 하나님이라고 하면서 수많은 사람들을 미혹했습니다. 사람들이 진리를 떠난 거짓 선지자를 추종하며 따르는 것이 참으로 안타깝기만 합니다. 주님은 "거짓 그리스도들과 거짓 선지자들이 일어나 큰 표적과 기사를 보이어 할 수만 있으면 택하신 자들도 미혹하게 하리라"(마 24:24)고 하셨습니다. 거짓 선지자들이 표적과 기사를 보이며 사람들을 미혹할 때에 조심해야 합니다.

그리스도인에 대한 핍박이 심해집니다.

"그 때에 사람들이 너희를 환난에 넘겨주겠으며 너희를 죽이리니 너희가 내 이름을 위하여 모든 민족에게 미움을 받으리라 그 때에 많은 사람이 시험에 빠져 서로 잡아 주고 서로 미워하겠으며"(마 24: 9-10).

예수님이 십자가에 못 박히신 이후에 교회는 세상으로부터 여러 모양으로 핍박의 대상이었습니다. 처음에는 로마 황제 숭배를 거절하는 이유로 로마 제국으로부터 조직적인 핍박을 받았습니다. 그 후에 카톨릭이 시작되면서 로마 카톨릭의 변질된 교리에 순응하지 않는다는 이유로 크리스천은 종교 재판에서 수백만 명이 죽음을 맞이하기도 했습니다. 그러한 역사는 지금도 계속되고 있습니다.

한국 오픈도어 선교회의 조사에 따르면 예수 그리스도를 믿는 신앙을 이유로 핍박받는 기독교인이 전 세계에 1억 명에서 1억 3천만 명으로 증가할 것으로 예측했습니다. 2016년 기독교 박해 순위 브리핑에서는 핍박받는 기독교인이 더 늘어날 것으로 전망된다는 발표도 있었습니다. 순교자 수도 크게 늘어나 정확한 기록을 얻을 수 없는 북한, 시리아, 이라크 등을 제외하더라도 죽임당한 기독교인이 전년보다 3천여 명이 증가한 7천명 이상이었고, 공격 받은 교회도 전년보다 두 배 많은 2,300여 교회로 보고됐습니다. 나이지리아에서는 2015년에 이슬람에 의하여 순교당한 기독교인의 수가 2,000여명이나 되었습니다. 주된 박해 요인은 '이슬람 극단주의'의 급부상이라고 분석했습니다. 북한은 2002년부터 박해순위 1위를 차지하고 있으며, 그 외에도 이라크와 아프가니스탄, 시리아, 파키스탄, 수단 등의 나라가 기독교인들을 핍박하고 있습니다.

네팔은 교회가 재산을 소유하는 것을 금지하고 있으며 기독교로 개종하는 것을 법으로 금지하고 있습니다. 만일 기독교로 개종하게 되면 감옥에 투옥되는 핍박을 당하게 됩니다.

세계적인 동향은 교회를 향한 핍박이 점차 커지는 것입니다. 유럽이나 미국은 동성애 결혼이나 낙태에 관한 법등이 제정되면서 그리스도인들의 입지가 적어지거나 핍박의 대상이 되고 있습니다. 미국의 유망한 직장에서 동성애에 관한 반대 의견을 표현하면 해고되는 일들이 자주 발생되고 있습니다. 앞으로 기독교인들에 대한 조롱이나 핍박은 미디어나 여론 등을 통해서 점점 심해지게 될 것입니다. 우리는 이러한 핍박을 이길 수 있도록 영적으로 무장해야 합니다.

성과 도덕의 타락이 일어납니다.

"불법이 성하므로 많은 사람의 사랑이 식어지리라"(마 24:12).

마지막 시대의 특징은 죄가 세상에 관영하는 도덕의 타락입니다. 주님은 마지막 시대에는 불법이 성하게 되고 사람의 사랑이 식어진다고 하셨습니다. 주님은 마지막 시대를 노아와 롯의 때로 비유하셨습니다.

"노아의 때에 된 것과 같이 인자의 때에도 그러하리라 노아가 방주에 들어가던 날까지 사람들이 먹고 마시고 장가들고 시집가더니 홍수가 나서 저희를 다 멸하였으며 또 롯의 때와 같으리니 사람들이 먹고 마시고 사고 팔고 심고 집을 짓더니 롯이 소돔에서 나가던 날에 하늘로서 불과 유황이 비오듯하여 저희를 멸하였느니라 인자의 나타나는 날에도 이러하리라"(눅 17: 26-30).

노아와 롯의 시대의 특징은 두 가지입니다. 하나는 악한 생각과 폭력, 동성애와 같은 성적인 타락이 가득한 시대였다는 것이고, 다른 하나는 하나님이 물과 불로 멸하신 시대라는 것입니다. 노아시대는 홍수로 전 세계를 멸하셨고 소돔과 고모라는 불과 유황으로 멸하셨습니다. 특히 소돔성은 성적인 타락과 더불어 동성애의 죄가 난무하였습니다. 죄가 가득한 시대에 살아가면서 하나님의 진노의 심판을 인지하지 못했던 사람들은 모두가 멸망했습니다.

이 시대는 전 세계적으로 죄와 폭력, 성적인 타락이 난무하는 시대입니다. 영화와 드라마, 게임 등이 폭력과 살인을 조장하기도 합니다. 사람들은 뉴스에서 매일 살인과 테러, 총기 난사 등의 소식을 들으며 살아갑니다. 우리 주위에서도 이러한 일들이 자주 일어나고 있습니다. 십대들의 폭력은 너무 잔인하여 성인 법으로 법정에 서야 한다는 여론이 일어나고 있습니다. 우리는 이 시대가 죄가 관영하는 노아의 때와 같은 시대임을 인식하며 자신을 거룩하게 지켜가야 합니다. 노아와 같이 하나님 앞에 의롭고 완전히 행하며 하나님과 동행하는 삶을 살아야 합니다. 죄는 쉽게 물들거나 전염되는 악입니다. 우리가 성령과 말씀으로 자신의 생각과 마음을 지키면서 하나님과 동행하는 거룩한 삶을 추구해야 합니다.

온 세상에 복음이 전파됩니다.

"이 천국 복음이 모든 민족에게 증거되기 위하여 온 세상에 전파되리니 그제야 끝이 오리라"(마 24: 14).

주님은 천국 복음이 온 세상에 전파되면 그제야 세상 끝이 될 것이라고 하셨습니다. 지금까지 생명의 복음은 열방으로 전파되었고 수많은 영혼들이 구원을 받았습니다. 예루살렘에서 시작된 복음은 소아시아와 유럽으로 거쳐 미국과 남미로 건너갔습니다. 그리고 미국에서 한국이나 중국과 같은 아시아로 들어왔습니다. 구소련이 해체되면서 복음이 공산주의 국가에도 전파되기 시작하였고 최근에는 몽골이나 이슬람 나라에도 전파되기 시작했습니다. 최근에 이란에서 수많은 이슬람들이 주님께로 돌아오고 있다는 소식을 듣게 됩니다. 중동 지역의 난민들이 유럽으로 건너가 그 곳에서 주님을 만나 회심하는 역사가 일어나고 있다는 소식도 듣게 됩니다. 복음은 지금 어느 때보다 전 세계적으로 전파되고 있습니다.

이스라엘의 회복입니다.

"무화과나무의 비유를 배우라 그 가지고 연하여지고 잎사귀를 내면 여름이 가까운 줄을 아나니 이와 같이 너희도 이 모든 일을 보거든 인자가 가까이 곧 문앞에 이른줄 알라"(마 24:32-33).

이스라엘 민족은 A.D.70년 로마의 디도(Titus) 장군에 의하여 멸망했습니다. 그리고 유대 민족은 전 세계에 흩어져 살았습니다. 그러나 2000년이 지난 1947년 5월에 벤 구리온(David

Ben-Gurion)이 이스라엘 나라의 재건을 선포하였습니다. 이때 세계의 강대국인 미국과 소련이 대사관을 이스라엘에 설치하고 UN의 회원으로 인정했습니다. 그리고 전 세계에 흩어져 있던 이스라엘 민족은 다시 이스라엘로 돌아오기 시작했고 이스라엘은 다시 회복되기 시작했습니다.

예수님께서는 무화과나무의 비유를 배우라고 하셨습니다. 무화과나무는 이스라엘을 상징합니다. 무화과나무가 가지가 연하여지고 잎사귀를 내면 여름이 가까운 줄을 알듯이, 이스라엘이 이와 같이 회복되는 것을 보면 주님이 문 앞에 가까이 이른 줄 알라고 하셨습니다. 다니엘의 70이레의 예언에서 예루살렘의 성전에서 제사를 드리는 것은 이스라엘의 성전이 다시 세워지는 것을 의미합니다. 이와같이 이스라엘 나라의 회복은 예수 그리스도의 재림을 보여주는 징조입니다.

세계 단일 정부와 종교 통합 운동입니다.

"네가 보던 열 뿔은 열 왕이니 아직 나라를 얻지 못하였으나 다만 짐승으로 더불어 임금처럼 권세를 일시 동안 받으리라 저희가 한 뜻을 가지고 자기의 능력과 권세를 짐승에게 주더라"(계 17:12-13).

  요한 계시록은 열 뿔을 상징하는 열 왕이 권세를 받아 짐승에게 능력과 권세를 준다고 했습니다. 열 뿔을 상징하는 열 왕은 마지막 시대의 권력을 얻을 통치자들로서 적그리스도인 짐승에게 통치권을 주는 자들을 의미합니다. 다니엘은 느부갓네살 왕의 꿈을 통하여 마지막 철과 진흙이 섞인 열 발가락에 대하여 해석했습니다. 이는 마지막 시대에 세계를 통치할 재건된 로마연합제국을 의미합니다. "왕께서 철과 진흙이 섞인 것을 보셨은즉 그들이 다른 인종과 서로 섞일 것이나 피차에 합하지 아니함이 철과 진흙이 합하지 않음과 같으리이다"(다 2:43). 마지막 나라는 다른 인종이 서로 섞여 10개국의 통합된 나라로서 적그리스도가 통치할 세계단일정부가 될 것입니다. 적그리스도는 세계단일정부의 통치자가 되어 칠년 대환난 기간에 세상을 다스리고 하나님을 대적하며 성도를 괴롭게 하는 자가 될 것입니다. 현재 유럽 연합의 힘은 점점 강해질 것이며, 그 중에 한 명이 적그리스도가 되어 세계단일정부의 통치자가 되어 세상을 다스릴 것입니다. 코로나 19의 판데믹은 세계를 더욱 하나가 되게 하면서 적그리스도가 통치할 세계단일정부의 출현을 가속화하고 있습니다.

요한계시록은 가증한 것들의 어미인 바벨론에 대하여 설명합니다. "그 이마에 이름이 기록되었으니 비밀이라, 큰 바벨론이라, 땅의 음녀들과 가증한 것들의 어미라 하였더라"(계 17:5). 바벨론은 음녀로서 영적인 배교로 세상을 미혹하는 존재입니다. 음녀는 우상을 숭배하는 거짓 종교로서 적그리스도를 숭배하게 하고 세상의 종교들을 통합하는 일을 합니다. "힘센 음성으로 외쳐 가로되 무너졌도다 무너졌도다 큰 성 바벨론이여 귀신의 처소와 각종 더러운 영의 모이는 곳과 각종 더럽고 가증한 새의 모이는 곳이 되었도다"(계 18:2). 귀신의 처소가 되고 각종 더러운 영이 모이는 곳은 우상 숭배가 가득한 종교입니다. 각종 더러운 영이 모이는 곳은 종교를 통합하여 거짓 선지자가 사람들을 미혹하는 것을 의미합니다. 거짓 종교인 바벨론은 적그리스도를 숭배하게 하는 역할을 합니다. 오늘날 전 세계적으로 에큐메니컬 운동으로 종교통합운동을 하고 있는 카톨릭과 자유주의 교회들이 있습니다. 앞으로 종교 통합은 더욱 가속화되어 세계적인 정치 지도자와 결탁하여 세계단일정부와 단일종교를 만드는 일에 앞장서게 될 것입니다.

마지막 시대에 성도는 어떠한 삶을 살아야 하나요?

"너희는 스스로 조심하라 그렇지 않으면 방탕함과 술취함과 생활의 염려로 마음이 둔하여지고 뜻밖에 그 날이 덫과 같이 너희에게 임하리라"(눅 21:34).

마지막 시대를 맞이하는 성도는 시대를 분별할 수 있어야 합니다. 주님은 "이와 같이 너희가 이런 일이 나는 것을 보거든 하나님의 나라가 가까운 줄을 알라"(눅 21:31)고 하셨습니다. 주님은 우리가 하나님의 나라가 가까운 줄을 아는 지혜를 갖기를 원하십니다. 주님은 이 시대를 분별해야 한다고 말씀하셨습니다. "또 무리에게 이르시되 너희가 구름이 서에서 일어남을 보면 곧 말하기를 소나기가 오리라 하나니 과연 그러하고 남풍이 붊을 보면 말하기를 심히 더우리라 하나니 과연 그러하니라 외식하는 자여 너희가 천지의 기상은 분별할 줄을 알면서 어찌 이 시대는 분변치 못하느냐"(눅 12: 54-56). 주님은 무리들이 구름이 서에서 일어나면 소나기가 오고, 남풍이 불면 더우리라는 것과 같은 천기를 분별하면서, 이 시대는 분별하지 못하는 자들을 향하여 책망하셨습니다.

라이프 웨이(Life Way) 연구소 설문에 의하면 미국의 다수의 목사들은 현재 세계에서 일어나는 사건들은 마지막 시대와 예수님의 재림의 징조라고 했습니다. 설문에 참여한 1,000명의 복음주의 목사들의 97%는 예수님은 성경의 말씀대로 세상에 다시 오실 것이며, 그 중의 56%는 자신들의 생애 동안에 예수님이 재림하실 것이라고 믿는다고 했습니다. 대부분의 목사들이 예수님의 재림의 징조라고 한 것은 거짓 선지자와 그들의 거짓 가르침, 도덕의 타락, 전쟁과 나라의 분쟁들, 그리고 지진과 자연 재해들, 기근의 발생과 유대인들을 향한 전 세계적인 반감들이라고 했습니다. 또한 이스라엘 나라의 회복과 수백만 명의 유대인들이 이스라엘로 돌아가는 것은 성경 예언의 성취라고 보았습니다.

이 시대를 분별하는 자들은 자신을 지켜 거룩하게 행해야 합니다. "이 날은 온 지구상에 거하는 모든 사람에게 임하리라 이러므로 너희는 장차 올 이 모든 일을 능히 피하고 인자 앞에 서도록 항상 기도하며 깨어 있으라 하시니라"(눅 21: 34-36). 우리는 주님의 말씀과 같이 스스로 조심하여 방탕하거나 술 취하거나 생활의 염려로 인하여 마음이 둔하여지는 일이 일어나지 않도록 주의해야 합니다. 우리는 주님의 말씀과 같이 인자 앞에 서도록 항상 기도하며 영적으로 깨어 있어야 합니다. 주님은 언제 오실지 알 수 없기에 우리가 자는 것을 보지 않도록 깨어 있으라고 하셨습니다. 주님은 밤에 오실 수도 있고, 새벽이나 저물 때에도 오실 수 있는 것입니다. "그러므로 깨어 있으라 집

주인이 언제 올는지 혹 저물 때 올는지, 밤중 올는지, 닭 울 때 올는지, 새벽 올는지 너희가 알지 못함이라 그가 홀연히 와서 너희의 자는 것을 보지 않도록 하라 깨어 있으라 내가 너희에게 하는 이 말이 모든 사람에게 하는 말이니라 하시니라"(막 13:35-37). 우리는 깨어 있으라는 주님의 말씀을 듣고 영적으로 잠들지 않고 깨어 있기를 힘써야 합니다.

우리가 영적으로 깨어 있는 것이 정결한 그리스도의 신부로 살아가는 것입니다. 사도 바울은 고린도 교회를 향하여 열심을 내는 이유에 대하여 그들을 그리스도의 정결한 신부로 준비하기 위함이라고 했습니다. "내가 하나님의 열심으로 너희를 위하여 열심 내노니 내가 너희를 정결한 처녀로 한 남편인 그리스도께 드리려고 중매함이로다"(고후 11:2). 하나님은 그리스도의 신부인 교회가 정결한 모습으로 주님 앞에 서기를 원하십니다. 우리는 사탄의 유혹을 이겨서 우리의 마음이 항상 그리스도를 향한 진실함과 깨끗함에서 떠나지 않게 해야 합니다. 또한 주님의 재림이 가까움을 보면서 복음을 전하는 사명을 감당함으로 영혼들을 주님께로 인도하여 구원하는 사명자의 삶을 살아야 합니다.

Chapter 3

예수 그리스도의 **재림**

"가로되 갈릴리 사람들아 어찌하여 서서 하늘을 쳐다보느냐 너희 가운데서 하늘로 올리우신 이 예수는 하늘로 가심을 본 그대로 오시리라 하였느니라"(행 1:11).

예수 그리스도의 재림은 역사상 가장 기념비적인 순간이 될 것입니다. 예수 그리스도가 다시 오심으로 인류의 역사가 끝나고 예수 그리스도의 영원한 나라가 시작되기 때문입니다. 구원받은 하나님의 자녀에게는 우리의 구주이신 예수님이 이 땅에 오셔서 우리를 영접하시는 그 순간이 가장 영광스러운 날이 될 것입니다.

디도서는 예수 그리스도의 재림이 복스러운 소망이라고 했습니다. "복스러운 소망과 우리의 크신 하나님 구주 예수 그리스도의 영광이 나타나심을 기다리게 하셨으니"(딛 2:13). 예수 그리스도의 재림은 그분의 영광이 나타나는 시간이기에 모든 믿는 자들에게는 복된 소망입니다. 사도 베드로는 예수 그리스도가 나타나실 때에 믿음의 핍박을 이김으로 금보다 귀한 믿음을 가진 자들이 칭찬과 영광과 존귀를 얻는다고 했습니다(벧전 1:7). 우리 구주이신 예수님이 세상에 다시 오시기에 주님의 재림은 모든 믿는 자의 굳건한 소망이 되어야 합니다.

성경이 가르치는 예수 그리스도의 재림에 관한 진리는 다음과 같습니다.

예수 그리스도는 임박한 재림으로 오십니다.

"보라 내가 너희에게 비밀을 말하노니 우리가 다 잠잘 것이 아니요 마지막 나팔에 순식간에 홀연히 다 변화하리니"(고전 15:51).

초대 교회의 성도들은 우리 주께서 가까이 오신다는 소망을 담아 '마라나타'라고 했습니다. '마라나타'는 '우리 주께서 오신다'는 의미의 아람어입니다(고전 16:22). 이는 초대 교회의 성도들이 예수 그리스도의 임박한 재림에 대한 강한 믿음이 있었음을 보여주고 있습니다. '마라나타'의 의미는 예수님의 임박한 재림의 의미를 함축하고 있습니다. 주께서 가까이 오신 믿음의 표현이 마라나타이고, 가까이 오시는 주님은 임박한 재림으로 오실 것입니다.

임박하다(imminent)의 의미는 머리 위에 매달려서 떨어질 준비가 된 상태입니다. 이는 언제라도 일어날 수 있는 상태입니다. 예수 그리스도께서 재림하시기 위한 조건이 필요하다면 임박한 재림이 아닙니다. 예수 그리스도의 임박한 재림은 그분이 오시는 때를 아무도 알지 못하지만 언제라도 오실 수 있는 상황입니다. 이에 대하여 A.T. 로버슨은 '임박한'이라는 것은 미래에 일어날 것은 확실하지만, 언제 일어날 시기는 불확실한 상태라고 했습니다. 성경은 예수 그리스도의 재림의 때를 아무도 알 수 없다고 가르칩니다. "그러나 그 날과 그 때는 아무도 모르나니 하늘의 천사들도, 아들도 모르고 오직 아버지만 아시느니라"(마 24:36). 우리는 예수 그리스도의 재림의 때를 알 수 없지만 분명히 다시 오심을 믿습니다. 그러기에 우리는 예수 그리스도의 임박한 재림에 대한 소망으로 살아야 합니다.

사도 바울은 주님의 재림은 순식간에 일어나기에 우리는 영적으로 깨어 있어야 함을 가르치고 있습니다. "보라 내가 너희에게 비밀을 말하노니 우리가 다 잠잘 것이 아니요 마지막 나팔에 순식간에 홀연히 다 변화하리니"(고전 15:51). 예수 그리스도가 공중으로 재림하실 때에 믿는 자들은 순식간에 예수 그리스도의 부활하실 때의 몸과 같이 변화합니다(요일 3:2).

예수 그리스도는 공중으로 먼저 재림하십니다.

"내 아버지 집에 거할 곳이 많도다 그렇지 않으면 너희에게 일렀으리라 내가 너희를 위하여 처소를 예비하러 가노니 가서 너희를 위하여 처소를 예비하면 내가 다시 와서 너희를 내게로 영접하여 나 있는 곳에 너희도 있게 하리라"(요 14:2-3).

예수 그리스도의 재림은 공중 재림과 지상 재림으로 구분이 됩니다. 예수님은 지상으로 재림하시기 전에 공중으로 먼저 재림하십니다. 교회는 예수님이 공중으로 재림하실 때에 휴거됩니다. 주님이 다시 오시는 모습에 대하여 데살로니가전서는 다음과 같이 묘사합니다. "그 후에 우리 살아남은 자도 저희와 함께 구름 속으로 끌어 올려 공중에서 주를 영접하게 하시리니 그리하여 우리가 항상 주와 함께 있으리라"(살전 4:17). 교회가 주님이 오실 때에 공중으로 끌어올려지는 것을 휴거(rapture)라고 합니다. 주님이 공중 재림하실 때에 교회는 구름 속으로 끌어 올려져 공중에서 주님을 영접하게 됩니다.

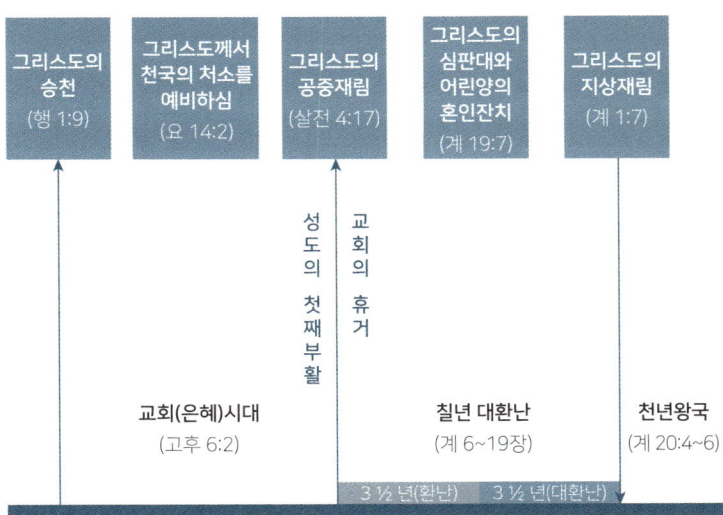

주님은 호령과 천사장의 소리와 하나님의 나팔로 친히 하늘로 좇아 강림하실 것입니다. 이때 죽은 자들이 먼저 부활하여 주님을 만나고, 그 후에 살아남은 자도 구름 속으로 끌어 올려 공중에서 주님을 영접하게 하실 것입니다(살전 4:16-17). 예수님이 공중으로 오시는 이유는 교회의 지체인 성도들을 위하여 오시는 것입니다. 그리스도인들이 공중으로 휴거된 이 후에는 두 가지 사건이 일어납니다. 하나는 그리스도의 심판대에 서서 상급을 받는 것이며, 다른 하나는 그리스도의 신부로서 어린양과 혼인 예식을 올리는 것입니다.

공중에서 성도는 그리스도의 심판대에 서게 됩니다.

"이는 우리가 다 반드시 그리스도의 심판대 앞에 드러나 각각 선악간에 그 몸으로 행한 것을 따라 받으려 함이라"(고후 5:10).

구원받은 하나님의 자녀들이 휴거가 된 이후에 공중에서 그리스도의 심판대에 서게 됩니다. 그리스도의 심판대의 대상은 예수 그리스도의 피로 구원받은 성도들입니다. 그리스도의 심판대는 죄에 대한 심판이 아니라 믿는 자들의 선행과 사역과 믿음의 수고에 대하여 주님께서 상을 주시는 곳입니다. 그리스도의 심판대는 휴거가 일어난 후에 공중에서 주님을 만난 이후에 일어납니다. "그리하면 저희가 갚을 것이 없는고로 네게 복이 되리니 이는 의인들의 부활 시에 네가 갚음을 받겠음이니라 하시더라"(눅 14:14). 주님께서는 의인들의 부활 시에 믿음의 수고를 갚아 주시겠다고 하셨습니다. 성도들의 부활은 주님께서 공중 재림 하실 때에 일어납니다(살전 4:16). 주님이 오시는 날은 그리스도께서 각 사람에게 칭찬을 주시는 영광의 날입니다.

심판대는 헬라어로 베마(bema) 라고 합니다. 베마는 통치자나 재판관이 다스리기 위하여 앉는 높은 자리이기도 합니다. 또한 고대 운동 경기에서 승리한 자를 위해 경기의 주관자가 높은 단인 베마로 선수를 불러서 면류관을 주는 곳입니다. 그리스도의 심판대는 베마입니다. 즉, 우리가 믿음의 여정을 달려 온 것을 격려하고 위로하기 위하여 주님이 상급대로 부르시는 곳입니다. 그래서 사도 바울은 이렇게 고백했습니다. "운동장에서 달음질하는 자들이 다 달아날지라도 오직 상 얻는 자는 하나인 줄을 너희가 알지 못하느냐 너희도 얻도록 이와 같이 달음질하라 이기기를 다투는 자마다 모든 일에 절제하나니 저희는 썩을 면류관을 얻고자 하되 우리는 썩지 아니할 것을 얻고자 하노라"

(고전 9:24-25). 운동장에서 달려가는 자들이 상을 얻기 위하여 달려가듯이, 우리도 주님이 주시는 상급과 면류관을 얻기 위하여 달려가야 합니다. 그리스도의 심판대는 죄를 심판하는 자리가 아니라, 우리의 믿음의 수고에 대하여 주님이 격려하시기 위하여 면류관을 주시는 자리입니다.

로마서에서는 그리스도의 심판대에 대하여 다음과 같이 가르칩니다. "네가 어찌하여 네 형제를 판단하느뇨 어찌하여 네 형제를 업신여기느뇨 우리가 다 하나님의 심판대 앞에 서리라 ... 이러므로 우리 각인이 자기 일을 하나님께 직고하리라"(롬 14:10,11). 우리는 그리스도의 심판대에 서서 각자 자신의 일을 하나님께 고해야 하기 때문에 형제를 판단하거나 업신여기지 말아야 합니다. 우리는 그리스도의 심판대에서 자신의 삶에 대한 판단을 받아야 하기에 자신의 믿음과 삶을 돌아보며 부끄러움이 없는 자가 되기를 힘써야 합니다. 고린도전서는 성도의 삶과 믿음의 희생에 대하여 그리스도께서 상급을 주실 것이라고 했습니다(고전 3:12-15). 우리는 그리스도의 날에 우리의 삶에 대한 공력이 시험을 받는 것입니다. 공력은 '일(work), 행실(deeds)'입니다. 우리가 주님 앞에서 우리의 말이 아닌 우리가 주님을 위하여 힘써 희생한 일과 사역에 대한 심판을 받습니다. 만일 우리가 그리스도의 터 위에 금이나 은같은 보석 처럼 가치 있는 삶을 살았다면 그 공력이 그대로 있어 상을 받게 될 것입니다. 그러나 우리의 삶이 세상의 썩어질 것을 추구하였다면 불에 타서 아무것도 남지 않을 것입니다. 이러한 구원은 불 가운데서 구원은 받았지만, 아무런 상급을 받지 못하고 빈손으로 천국 가는 모습입니다.

주님은 우리에게 어떠한 상급을 주실까요? 성경은 우리에게 주시는 면류관에 대하여 다음과 같이 설명하고 있습니다. 먼저는 썩지 않는 면류관입니다. "이기기를 다투는 자마다 모든 일에 절제하나니 저희는 썩을 면류관을 얻고자 하되 우리는 썩지 아니할 것을 얻고자 하노라"(고전 9:25). 썩지 않는 면류관은 자신을 절제하며 승리한 자들이 받는 상입니다. 이들은 세상의 정욕에 굴복하지 않고 믿음으로 경주를 완주한 성도입니다. 생명의 면류관은 시험을 참고 인정받은 자에게 주어집니다. "시험을 참는 자는 복이 있도다 이것에 옳다 인정하심을 받은 후에 주께서 자기를 사랑하는 자들에게 약속하신 생명의 면류관을 얻을 것임이니라"(약 1:12). **요한계시록은 죽음으로 믿음을 증명한 순교자에게 생명의 면류관을 주신다고 기록하고 있습니다.** "... 네가 죽도록 충성하라 그리하면 내가 생명의 면류관을 네게 주리라"(계2:10). 생명의 면류관은 죽기까지 시험을 참고 순교한 자가 받는 면류관입니다. 의의 면류관은 그리스도의 재림을 사모하며 주님을 섬기는 자에게 주어집니다. "이제 후로는 나를 위하여 의의 면류관이 예비되었으므로 주 곧 의로우신 재판장이 그 날에 내게 주실 것이니 내게만 아니라 주의 나타나심을 사모하는 모든 자에게니라"(딤후 4:8). **영광의 면류관은** 주님이 맡기신 양 무리의 본이 되어 사역한 목자에게 주는 상입니다. "맡기운 자들에게 주장하는 자세를 하지 말고 오직 양 무리의 본이 되라 그리하면 목자장이 나타나실 때에 시들지 아니하는 영광의 면류관을 얻으리라"(벧전 5:3-4). **기쁨의 면류관은** 전도의 열매를 맺은 자에게 주시는 상급입니다. "우리의 소망이나 기쁨이나 자랑의 면류관이 무엇이냐 그의 강림하실 때 우리 주 예수 앞에 너희가 아니냐 너희는 우리의 영광이요 기쁨이니라"(살전 2:19-20).

우리가 주님의 심판대에서 영원한 면류관을 얻는 순간은 세상에서 주는 어떠한 상보다 더욱 값질 것입니다. 왜냐하면 우리에게 주어진 영광은 영원하며 만왕의 왕이신 그리스도께서 주시는 면류관이기 때문입니다.

성도는 어린 양의 혼인잔치에 참석하게 됩니다.

"우리가 즐거워하고 크게 기뻐하여 그에게 영광을 돌리세 어린 양의 혼인 기약이 이르렀고 그 아내가 예비되었으니"(계 19:7).

공중에서 그리스도의 심판대의 상이 주어진 후에, 성도들은 어린 양의 혼인 잔치에 참여하게 될 것입니다. 하늘에서 어린 양의 혼인 잔치를 위하여 그 아내가 예비되었다고 했는데, 그 아내는 휴거된 교회 즉 그리스도인들입니다. "우리가 즐거워하고 크게 기뻐하여 그에게 영광을 돌리세 어린 양의 혼인 기약이 이르렀고 그 아내가 예비되었으니"(계 19:7). 교회는 그리스도의 신부가 되어 신랑이신 그리스도와 공중에서 혼인예식을 올리는 것입니다. 성경은 어린 양의 혼인 잔치에 청함을 입은 자들이 복이 있다고 했습니다. "천사가 내게 말하기를 기록하라 어린 양의 혼인 잔치에 청함을 입은 자들이 복이 있도다 하고 또 내게 말하되 이것은 하나님의 참되신 말씀이라 하기로"(계 19:9). 어린 양의 혼인 잔치에 청함을 받은 자들은 신랑이나 신부가 아니라 잔치를 축하하기 위하여 초대된 구약의 성도들입니다. 이에 대하여 침례 요한은 자신을 신랑의 친구라고 하였습니다. "신부를 취하는 자는 신랑이나 서서 신랑의 음성을 듣는 친구가 크게 기뻐하나니 나는 이러한 기쁨이 충만하였노라"(요 3:29). 교회는 그리스도의 신부이지만, 구약의 성도는 그리스도의 신부가 아니라 친구입니다. 주님께서는 천국에서 지극히 작은 자라도 침례 요한보다 크다고 하셨습니다(마 11:11). 이는 천국에서 그리스도의 신부인 교회가 누리는 특권이 얼마나 큰 것인가를 보여주고 있습니다. 교회는 그리스도의 신부로서 어린 양의 혼인 잔치의 주인공이 되는 큰 영광의 대상입니다.

성경은 교회를 그리스도의 신부로 비유하고 있습니다. 먼저 사도 바울은 성도들을 정결한 처녀로 한 남편인 그리스도께 드리려고 중매한다고 했습니다. "내가 하나님의 열심으로 너희를 위하여 열심 내노니 내가 너희를 정결한 처녀로 한 남편인 그리스도께 드리려고 중매함이로다"(고후 11:2). 그리고 에베소서는 남편과 아내의 관계를 언급하면서 그리스도와 교회에 대하여 말한다고 했습니다(엡 5: 32-33). 주님께서는 요한복음 14장에서 하늘로 올라가신 이후에 다시 오실 것을 약속하셨습니다. "내 아버지 집에 거할 곳이 많도다 그렇지 않으면 너희에게 일렀으리라 내가 너희를 위하여 처소를 예비하러 가노니 가서 너희를 위하여 처소를 예비하면 내가 다시 와서 너희를 내게로 영접하여 나 있는 곳에 너희도 있게 하리라"(요 14:2-3). 주님은 제자들에게 다시 오실 것을 말씀하시면서 당시의 유대 사회의 혼인 제도를 빗대어 말씀하셨습니다.

예수님 당시에 약혼은 당사자들의 부모들에 의하여 이루어

졌습니다. 신랑 측은 신부를 얻기 위하여 지참금을 지불합니다. 그러면 당사자 간에 약혼이 성립이 되며, 약혼은 곧 결혼과 같은 효력을 지녔습니다. 그리고 신랑은 신부를 떠나 아버지의 집으로 돌아갑니다. 그 후 신랑은 아버지 집에서 신부와 함께 거할 처소를 준비하고, 신부는 결혼 생활을 기대하며 자신의 집에서 신랑을 기다립니다. 신부는 신랑이 오는 시간을 알지 못하지만 자신을 데리러 오는 신랑을 기다려야 했습니다. 이때 신랑을 기다리는 신부는 자신을 정결하게 지켜야 했습니다. 사도 바울은 "내가 너희를 정결한 처녀로 한 남편인 그리스도께 드리려고 중매함이로다"(고후 11:2)라고 한 것은 정결한 처녀와 같이 교회가 그리스도를 만나기 위하여 준비해야 함을 강조한 것입니다. 우리는 정결한 처녀로서 믿음과 삶의 순결을 지키며 신랑되신 그리스도를 맞을 준비를 해야 합니다. 그래서 주님은 "그런즉 깨어 있으라 너희는 그 날과 그 시를 알지 못하느니라"(마 25:13)고 하셨습니다. 신랑은 대략 일 년이 지난 후에 친구들과 함께 예고 없이 밤에 신부를 데리러 찾아갑니다. 그러면, 신부는 신랑을 따라 집을 떠나 신랑이 준비한 집으로 향합니다. 그리고 신랑의 집이나 신랑의 아버지 집에서 주최하는 혼인 잔치에 참여하여 혼인 의식을 거행하며 혼인 잔치는 대략 칠일동안 열렸습니다. 이것이 유대 사회의 혼인 의식이었습니다.

하나님께서는 우리를 그리스도의 피로 사서 그리스도의 신부가 되게 하셨습니다. 우리와 약혼한 그리스도께서는 천국으로 가셔서 우리를 위하여 처소를 준비하고 계십니다. 그리고 신부를 위한 처소가 준비되면 신랑 되신 그리스도께서는 신부를 맞이하기 위하여 천사들의 나팔 소리로 다시 오십니다. 그리고 신부인 우리를 데리고 하늘로 오르시고 그곳에서 어린 양의 혼인 예식을 치르십니다. 그리고 어린 양의 혼인 잔치가 끝나면 주님은 우리와 함께 지상으로 재림하십니다.

주님이 지상 재림하시기 전에 어린 양의 혼인 잔치에 참석한 성도의 모습을 이렇게 표현했습니다. "우리가 즐거워하고 크게 기뻐하여 그에게 영광을 돌리세 어린 양의 혼인 기약이 이르렀고 그 아내가 예비하였으니 그에게 허락하사 빛나고 깨끗한 세마포를 입게 하셨은즉 이 세마포는 성도들의 옳은 행실이로다 하더라"(계19:7-8). 어린 양의 혼인잔치에 참석한 성도들이 빛나고 깨끗한 세마포를 입었습니다. 이 세마포는 성도들의 옳은 행실이라고 했습니다. 헬라어로 디카이오마(δικαίωμα)는 의로운 행실을 뜻합니다. 영문 킹제임스 성경에서는 이 세마포는 성도들의 의라고 번역했습니다. 성도의 의는 예수 그리스도로부터 전가된 의입니다. 즉, 성도가 어린 양의 혼인잔치에 참석할 수 있는 유일한 이유는 그리스도의 피로 깨끗함을 입었기 때문입니다. 크리스웰 목사님은 세마포는 속옷과 겉옷이 있는데, 속옷은 그리스도가 전가한 의의 옷이며 겉옷은 성도의 선한 행실로 주님이 주신 옷이라고 했습니다. 즉, 하나는 그리스도의 피로 씻음 받음을 상징하는 옷이고, 다른 하나는 성도들의 선한 행실로써 주님이 입혀 주시는 옷입니다. 우리가 그리스도의 심판대에 서게 될 때에 불의 시험을 통과하여 금과 은과 같이 믿음의 값진 삶을 산 사람들에게 주님께서는 화려한 세마포 옷을 입히실 것입니다. 그러나 불 가운데서 구원만 받은 사람들은 다른 사람들보다 평범한 세마포 옷으로만 서게 될 것입니다.

주님이 오시면 교회는 주님과 영원히 함께 할 것입니다. 주님은 우리를 신부 삼으셔서 그리스도의 심판대에서 상급을 주실 것이며, 어린 양의 혼인 잔치에서 큰 기쁨과 영광을 누리게 하실 것입니다. 사도 바울은 고린도전서 15장에서, "그러므로 내 사랑하는 형제들아 견고하며 흔들리지 말며 항상 주의 일에 더욱 힘쓰는 자들이 되라 이는 너희 수고가 주 안에서 헛되지 않은 줄을 앎이니라"(고전 15:58)고 했습니다. 우리의 수고가 결코 헛되지 않기에 주님의 부름을 향하여 달려가는 믿음의 사람이 되어야 합니다.

예수 그리스도는 어린 양의 혼인 잔치 후에 지상으로 재림하십니다.

"볼지어다 구름을 타고 오시리라 각인의 눈이 그를 보겠고 그를 찌른 자들도 볼 터이요 땅에 있는 모든 족속이 그를 인하여 애곡하리니 그러하리라 아멘"(계 1:7).

예수 그리스도가 공중 재림 하신 후에 공중에서 그리스도의 심판대와 어린 양의 혼인 잔치를 칠년 동안 거행하십니다. 그리고 공중에서 칠년이 지난 후에 거룩한 성도들과 함께 지상으로 재림하십니다. "볼지어다 구름을 타고 오시리라 각인의 눈이 그를 보겠고 그를 찌른 자들도 볼 터이요 땅에 있는 모든 족속이 그를 인하여 애곡하리니 그러하리라 아멘"(계 1:7). **주님께서 구름을 타고 오실 때에 많은 사람들이 그분을 보고 애곡하게 될 것입니다. 이때 주님을 믿지 않고 거절한 자가 애곡하는 이유는, 만왕의 왕이시며 만주의 주가 되신 그리스도로부터 그들이 받을 심판이 너무나 무섭기 때문일 것입니다. 예수님은 지상 재림에 대하여 다음과 같이 예언하셨습니다.**

"번개가 동편에서 나서 서편까지 번쩍임같이 인자의 임함도 그러하리라 주검이 있는 곳에는 독수리들이 모일지니라 그 날 환난 후에 즉시 해가 어두워지며 달이 빛을 내지 아니하며 별들이 하늘에서 떨어지며 하늘의 권능들이 흔들리리라 그 때에 인자의 징조가 하늘에서 보이겠고 그 때에 땅의 모든 족속들이 통곡하며 그들이 인자가 구름을 타고 능력과 큰 영광으로 오는 것을 보리라 저가 큰 나팔 소리와 함께 천사들을 보내리니 저희가 그 택하신 자들을 하늘 이 끝에서 저 끝까지 사방에서 모으리라"(마 24:27-31).

예수 그리스도께서 지상 재림하실 때에 아마겟돈 전쟁이 일어납니다. 주검이 있는 곳에 독수리들이 모이는 것은 그리스도께서 재림하시면서 입으로 나오는 검으로 이 땅의 군대들을 멸하시기 때문입니다. 왕과 군인들의 죽음으로 인하여 독수리들이 모여 군인들의 시체를 먹이로 삼을 것을 요한계시록은 예언하고 있습니다(계 19:18). 예수님이 오실 때는 해가 어두워지고 달이 빛을 내지 아니하며 별들이 하늘에서 떨어지는 징조가 하늘에서 보입니다. 이때 모든 족속들이 통곡하며 그리스도께서 구름을 타고 능력과 큰 영광으로 오시는 것을 보게 될 것입니다. 요한계시록 19장은 그리스도께서 재림하시는 모습을 다음과 같이 보여주고 있습니다.

"또 내가 하늘이 열린 것을 보니 보라 백마와 탄 자가 있으니 그 이름은 충신과 진실이라 그가 공의로 심판하며 싸우더라 그 눈이 불꽃 같고 그 머리에 많은 면류관이 있고 또 이름 쓴 것이 하나가 있으니 자기밖에 아는 자가 없고 또 그가 피 뿌린 옷을 입었는데 그 이름은 하나님의 말씀이라 칭하더라 하늘에 있는 군대들이 희고 깨끗한 세마포를 입고 백마를 타고 그를 따르더라"(계 19:11-14).

주님이 백마를 타고 오시는데 그의 이름은 충신과 진실이라고 했습니다. 예수님은 눈이 불꽃같고 머리에는 많은 면류관을 쓰셨습니다. 예수님이 이름이 충신과 진실인 것은 주님은 그 분의 말씀에 신실하게 행하시는 분임을 증거하는 것입니다. 예수님께서는 이스라엘의 감람산으로 지상 재림하실 것입니다. 예수님이 하늘로 승천하신 후에 천사들이 나타나 제자들을 향하여 "너희 가운데서 하늘로 올리우신 이 예수는 하늘로 가심을 본 그대로 오시리라 하였느니라"(행 1:11)고 했습니다. 예수님은 감람산에서 하늘로 승천하셨듯이(행 1:12), 예수님은 감람산으로 재림 하실 것입니다. 이에 대하여 스가랴 선지자는 메시야가 예루살렘의 감람산으로 오실 것이라고 예언했습니다. "그 날에 그의 발이 예루살렘 앞 곧 동편 감람산에 서실 것이요 감람산은 그 한가운데가 동서로 갈라져 매우 큰 골짜기가 되어서 산 절반은 북으로, 절반은 남으로 옮기고"(슥 14:4). 예루살렘에는 시온산, 감람산, 모리아산이 있는데 그 중에 주님은 감람산으로 오실 것입니다.

예수님이 지상 재림하신 후에 양과 염소의 심판을 하십니다. 주님께서 지상에 오신 후에 모든 민족들을 모으시고 양과 염소를 분별하는 것 같이 민족들을 심판하십니다. "인자가 자기 영광으로 모든 천사와 함께 올 때에 자기 영광의 보좌에 앉으리니 모든 민족을 그 앞에 모으고 각각 분별하기를 목자가 양과 염소를 분별하는 것 같이 하여 양은 그 오른편에, 염소는 왼편에 두리라"(마 25:31-32). 예수님께서 이 땅에 오셔서 모든 민족을 모으시고 양과 염소를 구별하듯이 사람들을 둘로 구별하십니다. 이때 주님께서는 구원받은 자들은 영원한 나라인 천년왕국으로 들어가게 하시지만, 믿지 아니한 자들은 영원한 형벌에 들어가게 하십니다(마 25:46). 양과 염소를 구분하는 기준은 예수 그리스도를 구주로 믿는 여부입니다. 예수님께서 이스라엘에게 행한 것으로 판단하신 이유는 지극히 작은 자에게 선을 베푼 것이 믿음의 열매이기 때문입니다. "임금이 대답하여 가라사대 내가 진실로 너희에게 이르노니 너희가 여기 내 형제 중에 지극히 작은 자 하나에게 한 것이 곧 내게 한 것이니라 하시고"(마 25:40). 칠년 대환난 기간 중에 예수를 믿은 성도들은 선한 행실로 믿음의 증거를 보이게 될 것입니다. 이스라엘에게 선을 베푼 행실은 그들이 하나님을 믿고 예수 그리스도를 구주로 믿어 구원받은 증거입니다. 짐승의 표를 받고 예수님을 믿지 않았다면 칠년 대환난의 기간에 적그리스도의 핍박을 당하는 이스라엘을 돕거나 선을 베풀지 않았을 것입니다.

요엘 선지자는 예수님께서 열방을 여호사밧 골짜기에서 심판하실 것을 예언했습니다. "그 날 곧 내가 유다와 예루살렘의 사로잡힌 자를 돌아오게 할 그 때에 내가 만국을 모아 데리고 여호사밧 골짜기에 내려가사 내 백성 곧 내 기업된 이스라엘을 위하여 거기서 그들을 국문하리니 이는 그들이 이스라엘을 열국 중에 흩고 나의 땅을 나누었음이며"(욜 3:1-2). 예수님께서는 모든 민족을 여호사밧 골짜기에서 심판하셔서 양과 염소로 나누신 후에 양은 천년 왕국으로 함께 데리고 가시지만, 염소는 영원한 불못에 던지셔서 심판하실 것입니다. 여호사밧 골짜기는 예루살렘의 남쪽의 기드론 골짜기를 의미합니다. 예수님께서는 비유의 가르침을 통하여 추수 때에 가라지는 불사르게 단으로 묶고 곡식은 곡간에 넣는다고 하셨습니다(마 13:30). 주님은 각종 물고기를 모는 그물의 비유에서 어부가 좋은 것은 그릇에 담고 못된 고기는 내어 버린다고 하셨습니다(마 13:48-50). 그리고 세상 끝에는 천사들이 의인 중에서 악인을 갈라낸다고 하셨습니다. "세상 끝에도 이러하리라 천사들이 와서 의인 중에서 악인을 갈라내어 풀무 불에 던져 넣으리니 거기서 울며 이를 갊이 있으리라"(마 13:49-50). 세상 끝에는 주님과 함께 한 천사들이 의인과 악인을 갈라내어 악인은 풀무불에 던져 심판하실 것입니다.

　그러나 주님이 오실 때에 칠년 대환난에서 구원받고 살아남은 믿음의 성도들은 주님과 함께 천년 왕국에 들어가는 영광을 얻을 것입니다(마 24:31). 칠년 대환난에서 살아남아 천년 왕국에 들어간 자는 변화되지 않은 몸으로 들어갑니다. 자연적인 몸으로 천년 왕국에 들어간 그들은 결혼을 하고 자녀들을 낳아 키웁니다. 이사야 선지자는 백세에 죽는 자는 아이며 백세에 못 되어 죽는 자는 저주를 받은 것이라고 하며 천년 왕국에서는 수명이 길 것을 예언했습니다(사 66:20). 천년 왕국에서 태어난 자녀들 중에는 구원받지 못한 자들이 생겨나기 시작합니다. 그들은 예수 그리스도를 구주로 영접하지 않은 자들입니다. 천년 왕국에서 구원받지 못한 영혼들은 천년 왕국이 끝날 때에 무저갱에서 나온 사탄에 미혹되어 하나님을 대적하다가 결국 멸망당합니다. 구원에 대한 하나님의 섭리는 어떠한 시대를 불문하고 행위가 아닌 예수 그리스도를 믿는 믿음으로 구원을 얻는 것입니다.

The Second Coming of Jesus Christ
and the End of the Age

Chapter 4

칠년 대환난

"이는 그 때에 큰 환난이 있겠음이라 창세로부터 지금까지 이런 환난이 없었고 후에도 없으리라"(마 24:21).

예수님이 공중으로 재림하시고 교회가 휴거된 이후에, 지상에서는 칠년 대환난이 시작됩니다. 이때가 다니엘의 칠십 이레가 시작되는 기간입니다. "그가 장차 많은 사람으로 더불어 한 이레 동안의 언약을 굳게 정하겠고..."(단 9:27). 칠년 대환난에 적그리스도가 자신을 드러내게 됩니다. 적그리스도는 많은 사람과 거짓 언약을 맺어 성전에서 제사와 예물을 드리게 하며 세상에 거짓 평화를 가져옵니다. 칠년 대환난의 기간 중 전반부 삼년 반은 평화의 기간이지만 후반부 삼년 반은 대환난의 시기가 될 것입니다. 왜냐하면, 적그리스도가 삼년 반이 지나서 이스라엘과의 언약을 깨고 성전의 제사와 예물을 금지시킨 후에 자신이 하나님의 자리에 앉아 숭배를 받기 때문입니다(단 9:27, 마24:15). 그리고 하나님의 자리에 앉은 적그리스도가 이스라엘을 핍박하기 때문입니다. 주님은 멸망의 가증한 것이 거룩한 곳에 선 것을 보거든 유대에 있는 자들은 산으로 도망하라고 하셨습니다(마 24:15-16). 멸망의 가증한 것은 적그리스도가 성전에 앉아 하나님 대신에 숭배를 받는 것입니다. 예수님께서 대환난 기간에 적그리스도가 성전에 선 것을 보거든 산으로 도망하라고 하신 것은, 적그리스도의 핍박이 시작되기 때문입니다.

칠년 대환난의 목적과 기간, 그리고 재앙과 일어날 사건들을 이해하는 것은 하나님의 섭리를 알아가는 큰 영적 통찰력을 제공합니다. 다음은 성경에서 가르치는 칠년 대환난에 대한 가르침입니다.

칠년 대환난의 목적

칠년 대환난은 두 가지의 목적이 있습니다. 첫 번째 목적은 이스라엘의 회개와 구원입니다. 다니엘은 "또 환난이 있으리니 이는 개국 이래로 그 때까지 없던 환난일 것이며 그 때에 네 백성 중

무릇 책에 기록된 모든 자가 구원을 얻을 것이라"(단 12:1)고 했습니다. 다니엘은 대환난에 대하여 예언하며 그 때에 책에 기록된 모든 자가 구원을 얻을 것이라고 했습니다. 사도 바울은 로마서 11장에서 온 이스라엘이 구원을 얻을 것이라고 했습니다(롬 11: 25-26). 이스라엘 민족은 예수님의 메시야 되심을 거절하였지만, 대환난의 기간을 통하여 회개하고 예수님을 메시야로 믿어 구원을 얻게 될 것입니다.

다니엘 12장은 큰 환난에 대하여 언급을 하면서 한 천사가 큰 환난의 끝이 언제인지 묻습니다(단 12:6). 그러자 다른 천사가 "... 한때 두 때 반 때를 지나서 성도의 권세가 다 깨어지기까지니 그렇게 되면 이 모든 일이 다 끝나리라 하더라"(단 12:7)고 했습니다. 성도의 권세가 깨어지는 것은 이스라엘의 반역이 끝나고 하나님께 순종한다는 의미입니다. 거룩은 세상으로부터 분리하는 것인데, 이스라엘이 큰 환난을 통과하며 자신들의 반역을 회개하고 하나님께로 돌아오는 것입니다. 다니엘 9장 24절에서 70이레의 기한에 허물이 마치며 죄가 끝난다고 했습니다. 칠년 대환난의 기간을 통하여 이스라엘 민족이 회개하고 예수님을 메시야로 믿음으로 이스라엘이 하나님께로 돌아와 구원에 이르는 것입니다.

두 번째 목적은 세상을 향한 하나님의 진노입니다. 하나님께서는 대환난의 때에 온 땅을 진노로 심판하십니다. 칠년 대환난에 대하여 예레미야 선지자는 야곱의 환난의 때(렘 30:7)라고 했고, 다니엘은 개국 이래로 없던 환난(단 12:1)이라고 했습니다. 예수님께서는 "이는 그 때에 큰 환난이 있겠음이라 창세로부터 지금까지 이런 환난이 없었고 후에도 없으리라"(마 24:21)고 하셨는데, 이는 다니엘 12장 1절의 환난을 인용하신 것입니다. 스바냐 선지자는 여호와의 날은 분노의 날이며 환난과 고통의 날이라고 했습니다. "여호와의 큰 날이 가깝도다 가깝도다 심히 빠르도다 여호와의 날의 소리로다 용사가 거기서 심히 애곡하는도다 그 날은 분노의 날이요 환난과 고통의 날이요 황무와 패괴의 날이요 캄캄하고 어두운 날이요 구름과 흑암의 날이요"(습 1:14-15). 대환난은 사탄과 그의 추종자들로 인하여 이스라엘과 믿는 자들에게 핍박이 있기도 하지만, 하나님의 분노가 온 세상에 쏟아짐으로 인하여 환난과 고통과 흑암의 기간이기도 합니다.

교회가 휴거가 된 이후 삼 년 반이 지난 후에 적그리스도가 자신을 하나님이라 칭하며 성전에 앉아 경배를 받습니다. "이 왕이 자기 뜻대로 행하며 스스로 높여 모든 신보다 크다 하며 비상한 말로 신들의 신을 대적하며 형통하기를 분노하심이 실 때까지 하리니 이는 그 작정된 일이 반드시 이룰 것임이니라"(단 11:36).

하나님의 분노는 하나님을 대적하는 적그리스도와 그를 따르는 온 세상에 임할 것입니다. 또 순교자의 흘린 피로 인하여 죄악된 세상을 향하여 쏟아질 것입니다. 요한계시록은 "그들의 진노의 큰 날이 이르렀으니 누가 능히 서리요 하더라"(계 6:17)고 했습니다. 하나님의 분노는 인 재앙과 나팔 재앙, 대접의 재앙으로 온 세상에 쏟아질 것입니다.

칠년 대환난의 재앙들

요한계시록 5장은 봉인된 일곱 인을 유다 지파의 사자이시며 다윗의 뿌리가 되시는 예수 그리스도가 떼신다고 했습니다. "장로 중에 하나가 내게 말하되 울지 말라 유대 지파의 사자 다윗의 뿌리가 이기었으니 이 책과 그 일곱 인을 떼시리라 하더라"(계 5:5). 예수 그리스도께서 봉인된 일곱 인을 떼실 때에 이 땅에 하나님의 재앙이 임합니다. 일곱 인은 일곱 나팔 재앙과 대접 재앙이 포함되어 있는 것으로 칠년 대환난 기간에 일어날 재앙입니다.

예수 그리스도는 인류를 죄로부터 구원하기 위하여 피 값을 치르셨기에 온 땅의 주가 되셨고 세상을 심판하는 일곱 인을 떼실 자격이 있는 것입니다. 칠년 대환난에 대한 예언은 요한계시록 6장에서 19장까지 보여주고 있습니다. 칠년 대환난의 재앙은 인 재앙과 나팔 재앙, 그리고 대접 재앙입니다. 인 재앙의 일곱 번째 재앙이 나팔 재앙이며, 나팔 재앙의 일곱 번째 재앙이 대접 재앙입니다.

인의 재앙

대환난의 첫 번째 재앙은 인의 재앙입니다. 첫 번째 인의 재앙은 흰 말을 탄 자입니다. "내가 이에 보니 흰 말이 있는데 그 탄 자가 활을 가졌고 면류관을 받고 나가서 이기고 또 이기려고 하더라"(계 6:2). 흰 말을 탄 자는 요한계시록 19장에 백마를 타고 오시는 그리스도를 흉내내는 적그리스도를 지칭합니다. 그는 거짓 평화로 사람들을 미혹하기 때문에 전쟁을 하지 않고 세계단일정부의 통치자가 됩니다. 그는 다니엘 9장 27장에 언급된 많은 사람과 언약을 맺는 적그리스도입니다. "용이 짐승에게 권세를 주므로 용에게 경배하며 짐승에게 경배하여 가로되..."(계 13:4). 대환난 기간에 사람들이 짐승에게 경배하는데 그가 성전에 앉아 하나님을 대신하여 경배를 받는 짐승입니다.

두 번째 인의 재앙은 세상에서 평화가 사라지고 서로 죽이는 전쟁이 일어나는 것입니다. "이에 붉은 다른 말이 나오더라 그 탄 자가 허락을 받아 땅에서 화평을 제하여 버리며 서로 죽이게 하고 또 큰 칼을 받았더라"(계 6:4). 붉은 말을 탄 자가 큰 칼을 받아 세상에서 화평이 사라지게 하고 서로 죽이게 합니다. 하나님께서는 전쟁을 통하여 세상의 죄를 심판하시는 것입니다.

셋째 인은 기근입니다. "내가 네 생물 사이에서 나는 듯하는 음성을 들으니 가로되 한 데나리온에 밀 한되요 한 데나리온에 보리 석되로다 또 감람유와 포도주는 해치 말라 하더라"(계 5:6). 셋째 인을 떼자 저울을 가진 검은 말을 탄 자가 나옵니다. 두 번째 인의 재앙인 전쟁은 토지를 황무케 하고 젊은이들이 전쟁에서 죽게 합니다. 그러므로 토지를 경작할 일꾼이 부족하고 땅은 황무하게 되어 기근이 일어납니다. 기근으로 인하여 한 데나리온에 밀 한 되나 보리 석 되를 구입하지만 감람유나 포도주는 살 수가 없게 됩니다. 한 데나리온은 한 사람의 하루치 임금입니다. 하루 종일 일해서 가족들이 먹을 수 있는 하루 식량만을 구할 수 있습니다.

넷째 인은 사람 사분의 일을 죽이는 사망입니다. "내가 보니 청황색 말이 나오는데 그 탄 자의 이름은 사망이니 음부가 그 뒤를 따르더라 저희가 땅 사분 일의 권세를 얻어 검과 흉년과 사망과 땅의 짐승으로써 죽이더라"(계 6:8). **청황색 말을 탄 자의 이름은 사망으로 온 세상의 인구 사분의 일을 검과 흉년과 사망과 땅의 짐승으로써 죽게 합니다.** 지구 인구의 사분의 일이 죽는 것은 현재의 기준으로 보면 약 77억 인구 중에서 19억 명이 사망하는 대재앙입니다. 하나님의 진노는 세상의 한 지역이 아닌 노아 홍수의 때와 같이 전 세계에 사망의 재앙을 가져옵니다.

다섯 번째 인은 순교자의 탄원입니다. "다섯째 인을 떼실 때에 내가 보니 하나님의 말씀과 저희의 가진 증거를 인하여 죽임을 당한 영혼들이 제단 아래 있어"(계 6:9). **교회가 휴거된 이후에 이 세상에 남은 자 중에 예수 그리스도를 믿고 구원받는 자들이 생겨납니다. 그러나 대환난 중에는 하나님을 믿는 자들이 적그리스도에 의하여 죽임을 당하여 순교합니다.** 그들은 우상인 적그리스도의 숭배를 거절했기에, 순교로써 믿음의 대가를 치르는 것입니다. 이때 순교당한 자들이 하나님께 자신들이 흘린 피에 대하여 복수해 주시기를 간청합니다. "거룩하고 참된 대 주재여 땅에 거하는 자들을 심판하여 우리 피를 신원하여 주지 아니하시기를 어느 때까지 하시려나이까 하니"(계 6:10). **하나님께서는 형제들이 죽임을 받아 그 수가 차면 순교의 피에 대하여 복수하신다고 하셨습니다.** 하나님께서는 믿는 자들이 순교당하며 흘린 피에 대하여 재앙으로 보복하십니다.

여섯 번째 인은 지진과 해와 달의 변화입니다. "내가 보니 여섯째 인을 떼실 때에 큰 지진이 나며 해가 총담 같이 검어지고 온 달이 피같이 되며"(계 6:12). 여섯째 인에서는 큰 지진이 나고 해가 검어지고 달이 피같이 되며 별들이 땅에 떨어집니다. 그리고 지진으로 인하여 산과 섬이 자리를 옮기게 됩니다. 이때 왕과 장군들과 강한 자들이 굴과 바위틈에 숨어서 산과 바다에게 "보좌에 앉으신 이의 낯에서와 어린 양의 진노에서 우리를 가리우라"(계 6:16)고 합니다. 하나님과 어린 양이신 그리스도의 진노가 두려워 세상의 권세자들이 굴이나 바위틈에 숨고자 하는 것입니다. 여섯 번째 인 심판 때에 왕과 장군들이 굴과 바위틈에 숨는 모습을 이사야 선지자는 다음과 같이 예언했습니다. "사람들이 암혈과 토굴로 들어가서 여호와께서 일어나사 땅을 진동시키시는 그의 위엄과 그 광대하심의 영광을 피할 것이라"(사 2:19). 하나님의 진노가 임하는 날에 교만한 왕과 장군들이 굴에 숨어서 하나님의 영광을 피하고자 합니다. 그들은 자신들의 죄를 회개하고 하나님께로 돌아와야 했지만, 그들은 회개하지 않습니다. 인의 여섯 가지 재앙이 마치면 일곱째 인이 열리면서 일곱 나팔 재앙이 시작됩니다.

나팔 재앙

"일곱째 인을 떼실 때에 하늘이 반시 동안쯤 고요하더니 내가 보매 하나님 앞에 시위한 일곱 천사가 있어 일곱 나팔을 받았더라"(계 8:1). 일곱 째 인을 떼실 때에 일곱 나팔의 재앙이 시작됩니다. 하나님의 어린 양이 일곱째 인을 떼시자 하늘이 반시 동안 고요합니다. 하늘이 반시 동안 침묵하는 이유는 나팔 재앙이 너무나 큰 두려움을 주었기 때문입니다.

첫 번째 나팔 재앙은 피 섞인 우박과 불이 땅에 쏟아지는 것입니다. "첫째 천사가 나팔을 부니 피 섞인 우박과 불이 나서 땅에 쏟아지매 땅의 삼분의 일이 타서 사위고 수목의 삼분의 일도 타서 사위고 각종 푸른 풀도 타서 사위더라"(계 8:7). 첫째 나팔 재앙으로 인하여 수목과 풀의 삼분의 일이 타게 됩니다. 이는 화산 폭발로 인하여 불과 용암이 땅에 쏟아지는 것으로 추론할 수 있습니다. 두 번째 재앙은 불붙는 산이 바다에 던져져 바다의 생명체의 삼분의 일이 죽는 것입니다. "둘째 천사가 나팔을 부니 불붙는 큰 산과 같은 것이 바다에 던지우매 바다의 삼분의 일이 피가 되고 바다 가운데 생명 가진 피조물들의 삼분의 일이 죽고 배들의 삼분의 일이 깨어지더라"(계 8:8-9). **불붙는 큰 산과 같은 것이 바다에 던지우는 것은 하늘의 큰 유성이 바다에 떨어지는**

재앙입니다. 큰 유성이 바다에 떨어지자 바다의 삼분의 일이 피가 되고 바다의 생명체의 삼분의 일이 죽고, 배들도 삼분의 일이 깨어집니다.

　2018년 미국의 미시건 주에는 유성이 떨어지면서 지상에 닿기도 전에 폭발했지만 2.0 지진 규모의 진동이 있었다고 합니다. 2013년 러시아의 우랄 지역의 20km 상공에 유성이 폭발하면서 약 1,200여명이 부상을 당하고 건물 4,000채가 파괴되는 손실을 가져왔습니다. 대환난의 기간에 일어나는 나팔 재앙은 큰 유성이 바다에 떨어지면서 큰 재앙을 일으킬 것입니다.

　세 번째 나팔 재앙은 큰 별이 강에 떨어지는 것입니다. "세째 천사가 나팔을 부니 횃불 같이 타는 큰 별이 하늘에서 떨어져 강들의 삼분의 일과 여러 물 샘에 떨어지니"(계 8:10). 세 번째 나팔 재앙은 횃불 같이 타는 큰 별이 하늘에서 떨어져 강들의 삼분의 일과 여러 물 샘에 떨어져 물이 쓰게 되어 많은 사람이 죽게 되는 것입니다. 네 번째 재앙은 천체 삼분의 일이 빛을 잃게 합니다. "넷째 천사가 나팔을 부니 해 삼분의 일과 달 삼분의 일과 별들의 삼분의 일이 침을 받아 그 삼분의 일이 어두워지니 낮 삼분의 일은 비췸이 없고 밤도 그러하더라"(계 8:12). 넷째 나팔 재앙이 마치고 난 후에 공중에 날아가는 독수리가 땅에 거하는 자들에게 화, 화, 화가 있을 것이라고 했습니다. 이는 앞으로 다가올 재앙이 그 전과는 차원이 다른 재앙이 될 것을 의미합니다.

다섯째 나팔 재앙은 무저갱에서 나온 황충이 구원받지 않은 자들을 괴롭게 하는 재앙입니다. 천사가 나팔을 불자 하늘에서 무저갱의 열쇠를 받은 별 하나가 땅에 떨어집니다. "저가 무저갱을 여니 그 구멍에서 큰 풀무의 연기같은 연기가 올라오매 해와 공기가 그 구멍의 연기로 인하여 어두워지며 또 황충이 연기 가운데로부터 땅 위에 나오매 저희가 땅에 있는 전갈의 권세와 같은 권세를 받았더라"(계 9:2-3). 천사가 무저갱을 열자 연기가 올라오며 황충이 땅에 나옵니다. 무저갱(bottomless pit)은 마귀가 갇혀 고통받는 처소입니다. 무저갱에서 나온 황충은 메뚜기 모양으로 전갈과 같은 권세를 받아 땅의 풀이나 수목이 아닌 이마에 하나님의 인 맞지 아니한 사람들을 오개월동안 괴롭게 합니다. 황충에 의한 고통이 너무 심하여 죽고자 하여도 죽지 못하는 것은 황충이 가진 사탄의 권세를 보여줍니다. 황충은 그들의 왕인 아바돈 또는 아볼루온의 명령을 따릅니다.

여섯째 나팔 재앙은 이억 군대가 사람의 삼분의 일을 죽이는 재앙입니다. "네 천사가 놓였으니 그들은 그 년 월 일 시에 이르러 사람 삼분의 일을 죽이기로 예비한 자들이더라 마병대의 수는 이만만이니 내가 그들의 수를 들었노라"(계 9:15-16). **여섯째 천사가 나팔을 불자 큰 강 유브라데에 메여있던 네 천사가 놓이고 사람 삼분의 일을 죽이기로 예비한 이억의 마병대가 준비됩니다. 이때 말의 입에서는 불과 연기와 유황이 나와 사람 삼분의 일이 죽임을 당하지만 사람들은 우상숭배와 살인과 복술과 음행과 도적질을 회개치 아니합니다(계 9:20-21). 여섯째 나팔 재앙으로 나팔 재앙이 마칩니다. 그리고 일곱째 나팔을 시작으로 일곱 대접 재앙이 시작됩니다.**

대접 재앙

일곱째 천사가 나팔을 불자 하늘에서 큰 음성이 납니다. "세상 나라가 우리 주와 그 그리스도의 나라가 되어 그가 세세토록 왕노릇 하시리로다"(계 11:15). 이는 대접 재앙은 칠년 대환난의 끝날 즈음에 내리는 재앙으로서, 예수 그리스도가 재림하셔서 세상의 왕으로 통치하는 시기가 가까웠음을 의미합니다. 그리고 이십사 장로들이 하나님을 경배하며 하나님의 성전이 열릴 때에 번개와 음성들과 뇌성과 지진과 큰 우박이 있게 됩니다. 일곱 번째 나팔 재앙은 일곱 대접의 재앙을 담고 있습니다.

첫 번째 대접의 재앙은 헌데가 짐승의 표를 받은 자들을 괴롭게 하는 재앙입니다. "첫째가 가서 그 대접을 땅에 쏟으매 악하고 독한 헌데가 짐승의 표를 받은 사람들과 그 우상에게 경배하는 자들에게 나더라"(계 16:2). 첫 번째 대접을 땅에 쏟자 짐승의 표를 받고 그 우상에게 경배하는 자들에게 악하고 독한 헌데가 나서 그들을 괴롭게 합니다. 두 번째 대접의 재앙은 바다가 피가 되어 모든 생물이 죽는 재앙입니다. "둘째가 그 대접을 바다에 쏟으매 바다가 죽은 자의 피 같이 되니 바다 가운데 모든 생물이 죽더라"(계 16:2). 두 번째 대접 재앙은 바다가 피 같이 되어 바다의 모든 생물이 죽습니다. 바다의 모든 생물체가 죽는 것은 전 세계적인 재앙입니다. 모세가 나일강을 피로 변하게 한 것은 지역적인 재앙이지만, 바다의 모든 생물체가 죽는 것은 세상의 마지막이 다가왔음을 보여주는 대재앙이 될 것입니다.

세 번째 재앙은 순교자가 흘린 피의 대가로 강과 물의 근원이 피가 되는 재앙입니다. "셋째가 그 대접을 강과 물 근원에 쏟으매 피가 되더라"(계 16:4). 세 번째 대접이 강과 물 근원에 쏟아져 지상의 모든 물이 피가 되는 것입니다. 이는 성도들과 선지자들의 피를 흘렸기에 저희로 피를 마시게 하시는 하나님의 심판입니다. "저희가 성도들과 선지자들의 피를 흘렸으므로 저희로 피를 마시게 하는 것이 합당하니이다 하더라"(계 16:6). 네 번째 대접은 해가 뜨거워져 사람을 태웁니다. "넷째가 그 대접을 해에 쏟으매 해가 권세를 받아 불로 사람들을 태우니 사람들이 크게 태움에 태워진지라..."(계 16:8-9). 하나님이 보내시는 재앙에도 불구하고 사람들은 회개하지 않습니다. 오늘날은 해가 뜨거워져 산의 나무가 타는 일이 일어나지만, 칠년 대환난 기간에는 해가 뜨거워져 사람들이 타서 죽는 재앙이 일어나는 것입니다. 다섯 번째 대접은 짐승의 보좌에 대한 심판입니다. "또 다섯째가 그 대접을 짐승의 보좌에 쏟으니 그 나라가 곧 어두워지며 사람들이 아파서 자기 혀를 깨물고 아픈 것과 종기로 인하여 하늘의 하나님을 훼방하고 저희 행위를 회개치 아니하더라"(계 16:10-11). 짐승의 보좌에 쏟아진 대접으로 인하여 나라가 어두워지고 사람들이 종기와 통증으로 자기 혀를 깨물지만 자신의 죄를 회개하지 않습니다.

여섯 번째 대접은 아마겟돈 전쟁의 준비입니다. "또 여섯째가 그 대접을 큰 강 유브라데에 쏟으매 강물이 말라서 동방에서 오는 왕들의 길이 예비되더라"(계 16:12). 여섯째 대접을 유브라데 강에 쏟자 강물이 말라 동방에서 오는 왕들의 길을 예비합니다. 이때 세 더러운 영이 용과 짐승, 거짓 선지자의 입에서 나옵니다. "또 내가 보매 개구리 같은 세 더러운 영이 용의 입과 짐승의 입과 거짓 선지자의 입에서 나오니 저희는 귀신의 영이라 이적을 행하여 온 천하 임금들에게 가서 하나님 곧 전능하신이의 큰 날에 전쟁을 위하여 그들을 모으더라"(계 16:12-14). 용과 짐승, 거짓 선지자는 사탄의 삼위일체로서 하나님을 대적하는 악한 권세입니다. 용은 하나님을 대적한 사탄이며 짐승은 그리스도를 대적하는 적그리스도입니다. 그리고 거짓 선지자는 세상 종교의 우두머리로서 세상을 미혹하여 짐승을 숭배하게 하는 자입니다. 거짓 선지자는 그리스도의 사역을 도우시는 성령의 사역을 흉내내는 거짓 영을 가진 자입니다. 이들에게서 나온 세 더러운 영이 예수 그리스도의 재림의 날에 일어날 전쟁을 위하여 왕의 군대를 모아 유브라데를 건너 아마겟돈이라는 곳에 모이게 합니다. 아마겟돈은 이스라엘의 므깃도 지역을 말하는데, 이곳으로 동방의 군대를 모으는 이유는 사탄이 예수 그리스도의 재림을 알고 만왕의 왕이신 그리스도와 전쟁을 하기 위함입니다.

일곱째 대접은 큰 지진으로 인하여 바벨론이 멸망하는 것입니다. "일곱째가 그 대접을 공기 가운데 쏟으매 큰 음성이 성전에서 보좌로부터 나서 가로되 되었다 하니 번개와 음성들과 뇌성이 있고 또 큰 지진이 있어 어찌 큰지 사람이 땅에 있어 옴으로 이같이 큰 지진이 없었더라"(계 16:17-18). 일곱 번째 대접의 재앙은 큰 지진이 일어나 큰 성 바벨론이 세 갈래로 없어지고 섬이나 산악이 사라지게 됩니다. 여기서 큰 성 바벨론은 적그리스도를 숭배하는 예루살렘을 의미합니다. " ... 그 성은 영적으로 하면 소돔이라고도 하고 애굽이라고도 하니 곧 저희 주께서 십자가에 못 박히신 곳이니라"(계 11:8). 마지막 재앙은 세상에 없었던 큰 지진이 일어나 바벨론의 멸망을 가져옵니다. 스가랴 선지자는 예수 그리스도께서 지상 재림하실 때에 예루살렘의 지형도가 지진으로 크게 달라질 것을 예언했습니다(슥 14:4-5). 지진이 일어난 후에 한 달란트나 되는 큰 우박이 사람들에게 내리지만 사람들은 오히려 하나님을 원망합니다(계16:21).

칠년 대환난에서의 이스라엘

칠년 대환난의 기간에 이스라엘은 회개하고 하나님께로 돌아옵니다. 사도 바울은 로마서에서 "그리하여 온 이스라엘이 구원을 얻으리라 ..."(롬 10:26)고 한 것은 환난의 기간에 이스라엘이 회개하고 하나님께로 돌아와 구원을 받아 하나님의 백성이 되는 것을 예언한 것입니다.

십사만 사천 명은 이스라엘의 첫 열매입니다.

칠년 대환난의 여섯 번째 인 재앙이 끝나면 이스라엘에서 구원받아 하나님께로 돌아오는 첫 열매가 있다고 성경은 말씀하고 있습니다. "내가 인 맞은 자의 수를 들으니 이스라엘 자손의 각 지파 중에서 인 맞은 자들이 십사만 사천이니"(계 7:4). 하나님께서는 이스라엘 자손의 열두 지파 중에서 십사만 사천 명이 인 맞아 하나님을 섬기는 사명자가 되게 하실 것입니다. 교회는 이미 휴거되어 공중에서 주님과 함께 있기에, 지상에서는 이스라엘의 십사만 사천 명이 구원받아 하나님의 복음을 전하는 증인이 되어 활동합니다.

십사만 사천 명은 하나님의 인 맞은 자로서 하나님의 보호를 받습니다. 요한계시록은 십사만 사천 명에 대하여 이렇게 설명합니다. "이 사람들은 여자로 더불어 더럽히지 아니하고 정절이 있는 자라 어린 양이 어디로 인도하든지 따라가는 자며 사람 가운데서 구속을 받아 처음 익은 열매로 하나님과 어린 양에게 속한 자들이니 그 입에 거짓말이 없고 흠이 없는 자들이더라"(계 14:4-5). 십사만 사천 명은 사람 가운데서 어린 양의 피로 구원을 받은 자들로 하나님과 어린 양에게 속하여 그 입에 거짓말이나 흠이 없는 순결한 자들입니다. 그들의 입에 거짓말이나 흠이 없는 이유는 오직 하나님의 말씀과 그리스도의 복음으로 영혼들을 예수님께로 인도하는 자들이기 때문입니다. 이스라엘의 십사만 사천 명은 여러 나라와 백성에게 전할 영원한 복음을 가진 자들입니다(계 14:6). 그들이 하나님께 처음 익은 열매가 된 것은 칠년 대환난 기간에 이스라엘에서 처음으로 하나님께 돌아온 자들이고 그 후에 이들을 통하여 수많은 영혼들이 하나님께로 돌아오기 때문입니다.

흰 옷 입은 무리는 세상에서 구원받고 순교한 자들입니다.

요한계시록 7장은 십사만 사천 명과 더불어 흰 옷 입은 큰 무리가 하나님의 어린 양 앞에 서서 하나님을 찬양하는 모습을 보여줍니다. "이 일 후에 내가 보니 각 나라와 족속과 백성과 방언에서 아무라도 능히 셀 수 없는 큰 무리가 흰 옷을 입고 손에 종려 가지를 들고 보좌 앞과 어린 양 앞에 서서"(계 7:9). 큰 무리가 흰 옷을 입고 하나님의 보좌 앞에 서서 하나님을 찬양하는 자들은 대환난에서 순교당하여 하나님 앞에 올라간 자들입니다. 장로 중에 하나가 이 흰옷 입은 자들이 누구며 또 어디서 왔는지 묻습니다. 이때 장로는 이렇게 답변합니다. "... 이는 큰 환난에서 나오는 자들인데 어린양의 피에 그 옷을 씻어 희게 하였느니라"

(계 7:14).

 이들은 큰 환난에서 나온 자들로 어린양이신 그리스도의 피로 자신의 옷을 씻어 희게 한 자들입니다. 피로 옷을 희게 한 것은 그리스도의 보혈로 정결케 되었음을 의미합니다. 환난에서 나와 하나님의 보좌에 이른 것은 대환난에서 복음을 듣고 회개하여 예수님을 구주로 믿었기 때문이며, 믿은 후에 짐승의 표인 666 표를 받지 않고 짐승에게 경배하지 않음으로 순교하여 그 영혼이 하나님께 올라갔기 때문입니다. 그들은 하나님의 보좌와 성전에서 하나님을 섬기는 특권을 얻고 다시는 주리거나 목마르지 아니하게 됩니다.

칠년 대환난 기간에 하나님은 두 증인을 보내십니다.

 칠년 대환난 기간에 하나님께서는 두 증인에게 권세를 주셔서 삼년 반인 일천 이백 육십 일을 예언하며 능력을 베풀게 하십니다. "내가 나의 두 증인에게 권세를 주리니 저희가 굵은 베옷을 입고 일천 이백 육십 일을 예언하리라 이는 이 땅의 주 앞에 섰는 두 감람나무와 두 촛대니"(계 11:3-4). 이들은 하나님 앞에서 섰는 두 감람나무와 두 촛대라고 했습니다. 이는 감람유와 촛대는 촛불을 밝히듯이, 하나님의 성령의 권능으로 사역하며 세상에 하나님의 빛을 비추는 자들임을 보여줍니다. 그들은 적그리스도를 대적하며 하나님의 말씀을 전하는 사명자로 보내심을 받은 자들입니다.

하나님은 두 증인에게 모세와 엘리야와 같은 권능을 주셨습니다. 두 증인은 하나님의 능력으로 입에서 불이 나와 원수를 멸하기도 하고 누구든지 저희를 해하려 하는 자들을 오히려 죽이는 권세를 가졌습니다(계 11:5). 그들은 엘리야와 같이 비를 내리지 않도록 할 수도 있으며, 모세와 같이 물이 피가 되게 할 수도 있는 하나님의 종들이었습니다. 그들은 하나님의 능력으로 죄가 가득한 세상에 심판을 내리는 자들이었습니다. 이때 무저갱으로부터 짐승이 나와 두 증인과 싸워 짐승이 이기므로 예수님이 못 박히신 예루살렘에서 두 증인은 죽임을 당합니다. 두 증인이 그들을 괴롭게 했기 때문에 땅에 거하는 자들이 두 증인의 죽음을 보고 기뻐하여 예물을 서로 보냅니다. 그러나 삼일 반 후에 하나님이 저들에게 생명을 주심으로 다시 일어나 구름을 타고 하늘로 올라갑니다. "하늘로부터 큰 음성이 있어 이리로 올라오라 함을 저희가 듣고 구름을 타고 하늘로 올라가니 저희 원수들도 구경하더라"(계 11:12). 이때 예루살렘에 큰 지진이 나서 성 십분의 일이 무너지고 지진에 죽은 자가 칠천 명이나 되었습니다. 이러한 일을 보고 남은 자들이 두려워하며 하늘의 하나님께 영광을 돌립니다. 하나님은 적그리스도가 다스리시는 환난의 시대에도 하나님의 종인 두 증인을 보내셔서 복음을 전하게 하심으로 온 세상이 메시야이신 예수님을 믿고 구원에 이르는 기회를 주십니다.

두 증인은 하나님이 능력으로 보낸 선지자로서 모세와 엘리야로 추정할 수 있습니다. 엘리야는 죽음을 보지 않고 하늘로 올라갔고, 모세도 죽은 후에 하나님이 그를 장사하셨기 때문입니다. 그리고 예수님이 변화산에서 변화하실 때에 모세와 엘리야가 주님과 함께 있었습니다.

칠년 대환난 기간에 하나님은 이스라엘을 보호하십니다.

요한계시록 12장은 여자와 용에 관한 예언입니다. "하늘에 큰 이적이 보이니 해를 입은 한 여자가 있는데 그 발 아래는 달이 있고 그 머리에는 열 두 별의 면류관을 썼더라"(계 12:1). 여자는 이스라엘 민족을 상징합니다. 이사야 선지자는 이스라엘을 여자로 묘사하였고(사 54:1), 창세기는 요셉을 태양, 라헬을 달, 그리고 이스라엘의 열두 지파를 열두 별로 상징했습니다(창 37:9-10).

머리가 일곱이며 열 개의 뿔을 가진 붉은 용은 사탄을 상징합니다.

여자가 해산하게 되어 부르짖을 때에 열 뿔을 가진 용이 여자가 아이를 해산하면 삼키고자 했습니다. "여자가 아들을 낳으니 이는 장차 철장으로 만국을 다스릴 남자라 그 아이를 하나님 앞과 그 보좌 앞으로 올려가더라"(계 12:5). 여자가 낳을 아기는 이스라엘 민족을 통하여 오시는 예수 그리스도이십니다. 예수 그리스도가 육신을 입고 오셨을 때 사탄이 헤롯을 통하여 죽이려고 했듯이, 사탄은 예수 그리스도의 재림을 방해하려고 여자로 묘사된 이스라엘을 핍박하는 것입니다. 예수 그리스도는 철장으로 만국을 다스릴 분으로서 하나님의 보좌 앞으로 올려간 것은 그리스도의 승천을 보여준 것입니다. 용은 온 천하를 속이는 사탄으로 하나님의 진노로 말미암아 그를 따르는 마귀들과 함께 하늘에서 땅으로 쫓겨납니다. "큰 용이 내어 쫓기니 옛 뱀 곧 마귀라고도 하고 사단이라고도 하는 온 천하를 꾀는 자라 땅으로 내어 쫓기니 그의 사자들도 저와 함께 내어 쫓기니라"(계 12:9). 용이 남자를 낳은 여자를 핍박하는 것은, 사탄이 대환난 기간에 이스라엘을 핍박하는 모습입니다. 그러나 여자는 큰 독수리의 날개를 받아 광야에서 삼 년 반 동안 보호를 받습니다. "그 여자가 큰 독수리의 두 날개를 받아 광야 자기 곳으로 날아가 거기서 그 뱀의 낯을 피하여 한 때와 두 때와 반 때를 양육 받으매"(계 12:14). 하나님께서 사탄의 핍박으로부터 이스라엘을 광야에서 보호하십니다. 뱀이 여자에게 물을 강 같이 보내어 물에 떠내려가게 하지만, 땅이 강물을 삼켜 여자를 보호합니다. 이는 광야에서 사탄의 공격으로부터 이스라엘을 보호하시는 하나님의 은혜를 설명하는 것입니다. 사탄은 자신의 때가 얼마 남지 않은 것을 알고 여자의 남은 자손 곧 하나님의 계명을 지키며 예수의 증거를 가진 자들과 싸우려 하는 것입니다. 사탄이 이스라엘을 핍박하는 기간은 한 때와 두 때와 반 때로써 삼년 육 개월의 기간입니다.

칠년 대환난에서의 적그리스도

두 짐승은 적그리스도와 거짓 선지자입니다.

요한계시록 13장은 칠년 대환난 기간에 있을 두 짐승들의 활동을 보여줍니다. "내가 보니 바다에서 한 짐승이 나오는데 뿔이 열이요 머리가 일곱이라 그 뿔에는 열 면류관이 있고 그 머리들에는 참람한 이름들이 있더라"(계 13:1). 바다에서 나오는 짐승은 뿔이 열이고 머리가 일곱이며 뿔에는 열 면류관이 있습니다. 사탄을 상징하는 용이 자기의 능력과 보좌와 큰 권세를 짐승에게 주었고, 머리 하나가 죽게 되지만 상처가 치유되자 이를 온 세상이 이상히 여기며 짐승인 적그리스도를 따르기 시작합니다. 짐승은 사탄에게 권세를 받아 사탄과 같이 큰 말과 참람된 말을 하며 마흔 두 달인 삼년 육 개월 간 일할 권세를 받습니다. 이때가 다니엘 9장 27절에 한 이레 동안의 절반에 언약을 깨고 성전 제사를 금하고 자신이 하나님의 자리에 앉는 때입니다. 이때 적그리스도를 따르는 자들이 짐승을 경배합니다. "죽임을 당한 어린 양의 생명책에 창세 이후로 녹명되지 못하고 이 땅에 사는 자들은 다 짐승에게 경배하더라"(계 13:8). 짐승은 사탄에게 권세를 받은 적그리스도로 세상을 통치하는 권세자입니다. 열 뿔은 다니엘 2장의 열 나라로서 마지막 시대에 적그리스도가 통치할 재건 로마 제국입니다.

첫 번째 짐승 외에 새끼 양 같이 두 뿔이 있고 용처럼 말하는 다른 짐승이 땅에서 올라옵니다. "내가 보매 또 다른 짐승이 땅에서 올라오니 새끼 양 같이 두 뿔이 있고 용처럼 말하더라"(계 13:11). 이 짐승은 처음 짐승의 모든 권세를 행하며 처음 짐승에게 경배하게 하는 역할을 합니다. 두 번째 짐승은 사탄에게 권세를 받아 불이 하늘로부터 땅에 내려오게 하며 이적을 행하여 사람들을 미혹하며 첫 번째 짐승의 우상을 만들게 합니다. "저가 권세를 받아 그 짐승의 우상에게 생기를 주어 그 짐승의 우상으로 말하게 하고 또 짐승의 우상에게 경배하지 아니하는 자는 몇이든지 다 죽이게 하더라"(계 13:15). 두 번째 짐승은 첫째 짐승의 우상에게 생기를 주어 우상이 말하게 하며 그 우상을 경배하게 합니다. 그리고 우상에게 경배하지 아니하는 자는 몇이든지 다 죽입니다. 그리고 짐승을 숭배하는 자에게 666표를 오른손이나 이마에 주어 상업 활동을 하도록 합니다. "저가 모든 자 곧 작은 자나 큰 자나 부자나 빈궁한 자나 자유한 자나 종들로 그 오른손에나 이마에 표를 받게 하고 누구든지 이 표를 가진 자 외에는 매매를 못하게 하니 이 표는 곧 짐승의 이름이나 그 이름의 수라 지혜가 여기 있으니 총명 있는 자는 그 짐승의 수를 세어 보라 그 수는 사람의 수니 육백 육십 육이니라"(계 13:16-18). 두 번째 짐승은 거짓 선지자입니다. 그는 종교를 통합하여 정치적인 통치자인 적그리스도를 숭배하게 합니다. 마지막 시대에는 종교를 통합하여 종교적인 수장이 온 세상의 정치적인 통치자인 적그리스도를 숭배하게 하는 역할을 합니다. 카톨릭이 시작될 때에 타협하는 교회가 로마 황제의 통치를 위하여 정치권력에 굴복했던 것처럼, 종교통합은 결국 단일정부 통치자인 적그리스도를 숭배하기 위한 도구로 쓰일 것입니다.

음녀는 우상 숭배를 하는 단일 종교입니다.

요한계시록 17장과 18장은 영적인 바벨론이라는 음녀의 심판에 대하여 예언합니다. 이는 첫 번째 짐승을 숭배하도록 미혹한 두 번째 짐승을 더욱 구체적으로 묘사한 것입니다. "또 일곱 대접을 가진 일곱 천사 중 하나가 와서 내게 말하여 가로되 이리 오라 많은 물위에 앉은 큰 음녀의 받을 심판을 네게 보이리라."(계 17:1). 음녀는 땅의 임금들과 음행하고 붉은 빛 짐승을 타고 있었습니다. 음녀에 대하여 "그 이마에 이름이 기록되었으니 비밀이라, 큰 바벨론이라, 땅의 음녀들과 가증한 것들의 어미라 하였더라"(계 17:5)라고 했습니다.

음녀는 바벨론이며 땅의 음녀들과 가증한 것들의 어미입니다. 음녀는 영적으로 부패하여 우상을 숭배하는 가증한 종교를 의미합니다. 음녀는 우상 숭배의 뿌리입니다. 창세기 10장에는 니므롯이라는 자가 시날 땅에 바벨이라는 도시를 세웠고, 그 후에 시날 평지에 바벨탑을 세웁니다. 니므롯(Nimrod)에게는 세미라미스(Semiramis)라는 아내가 있었는데 바벨론의 비밀 종교를 만들었다고 알려져 있습니다. 세미라미스에게는 탐무즈(Tammuz)라는 아들이 있었는데, 그는 신비롭게 태어난 후에 야생 짐승에게 죽었다가 다시 살아났다는 신화를 만들었습니다.

그리고 세미라미스는 탐무즈를 메시야이신 여자의 후손으로 지칭하며 우상으로 숭배하게 했습니다. 이는 여자의 후손으로 오시는 예수 그리스도를 대신하여 숭배를 받는 거짓 종교의 시작이 되었습니다. 이 여자와 아들의 이미지로 로마 카톨릭에서는 마리아 숭배와 아기 예수 숭배를 만들었으며 바벨론의 가증한 것들을 이어가고 있습니다. 가나안 족속은 바알과 아스다롯의 신상을 만들어 숭배했고, 애굽은 호루스와 그의 어머니인 이시스를 우상으로 만들어 숭배했습니다. 이와 같이 역사적으로 하나님을 대적하는 종교는 영적인 바벨론으로 예수님이 오실 때까지 뿌리를 이어가고 있습니다. 요한계시록 17장에서 음녀는 영적인 바벨론으로서 성도들을 핍박하고 짐승을 숭배합니다. 음녀는 말세에 있을 에큐메니컬 운동인 종교통합운동을 통하여 적그리스도를 추종하는 세력입니다. 이와 같이 바벨론은 가증한 것들의 어미로서 그 뿌리는 창조시대부터 이어져왔습니다. 그러나 하나님이 마지막 시대에 바벨론의 가증한 우상 숭배를 심판하십니다.

음녀는 자신이 숭배했던 짐승에 의하여 배신당하여 멸망합니다. "네가 본바 이 열 뿔과 짐승이 음녀를 미워하여 망하게 하고 벌거벗게 하고 그 살을 먹고 불로 아주 사르리라"(계 17:16). 다니엘의 70이레는 한 이레의 중반에 언약을 깨고 적그리스도가 하나님 자리에 앉아 숭배를 받음을 예언했습니다. 이는 짐승인 적그리스도가 거짓 종교까지도 미워하여 멸망시키고 자신의 위치를 굳건히 하는 모습입니다. 이는 적그리스도를 통하여 영적으로 가증한 음녀를 징계하시는 하나님의 섭리입니다.

바벨론은 적그리스도가 통치하는 세계단일정부입니다.

요한계시록 17장이 종교적인 세력으로서의 바벨론을 묘사한다면, 요한계시록 18장은 정치적인 통치자인 적그리스도의 도성인 바벨론을 묘사합니다. "힘센 음성으로 외쳐 가로되 무너졌도다 무너졌도다 큰 성 바벨론이여 귀신의 처소와 각종 더러운 영의 모이는 곳과 각종 더럽고 가증한 새의 모이는 곳이 되었도다"(계 18:2). 무너진 큰 성 바벨론은 귀신의 처소이며 각종 더러운 영이 모이고 가증한 새가 모이는 사탄의 진원지입니다. 그러므로 하나님께서 "내 백성아, 거기서 나와 그의 죄에 참예하지 말고 그의 받을 재앙들을 받지 말라 그 죄는 하늘에 사무쳤으며 하나님은 그의 불의한 일을 기억하신지라"(계 18:4-5)고 하셨습니다. 하나님의 거룩한 성도는 에큐메니컬 운동과 같은 각종 더러운 영이 모이는 곳에 참여하지 말아야 합니다. 왜냐하면, 영적 바벨론은 종교통합으로 하나님의 진리를 거역하고 그리스도를 대적하기 때문입니다. 그곳에는 종교의 연합이 있지만 예수 그리스도의 거룩한 보혈의 권세가 없으며, 살아계신 하나님 한 분만을 예배하는 진리에서 떠났기 때문입니다.

큰 성 바벨론은 정치와 경제의 통합을 이룬 세계단일정부의 중심지입니다. 그리고 단일 종교는 단일 정부와 타협하여 거짓된 종교를 만드는 것입니다. 그곳에는 경제적인 부유함이 가득합니다. "그 음행의 진노의 포도주를 인하여 만국이 무너졌으며 또 땅의 왕들이 그로 더불어 음행하였으며 땅의 상고들도 그 사치의 세력을 인하여 치부하였도다 하더라"(계 18:3). 음행은 종교적인 연합으로 우상 숭배에 참여하는 것이며, 땅의 왕들과 음행한 것은 정치적인 통합으로 그들을 우상 숭배로 인도한 것입니다. 그리고 땅의 상인들이 사치하는 세력으로 인하여 부하게 된 것은 경제적인 통합을 의미합니다. 즉, 마지막 시대에는 종교와 정치, 경제의 단일 통합을 이루어 적그리스도가 통치하는 큰 성 바벨론이 그 중심에 서게 됩니다. 지금은 인터넷의 발달과 인공지능(AI)으로 인하여 세계가 하나가 되고 있으며 앞으로 세계 질서는 하나로 통합되는 시대를 맞이하게 될 것입니다.

예수 그리스도의 지상 재림

마지막 일곱 대접의 재앙에서 큰 지진이 나서 큰 성 바벨론이 세 갈래로 무너지며 심판받는 모습을 보여줍니다(계 16:19). 큰 성 바벨론은 적그리스도가 다스리는 성으로 세계 종교, 정치, 경제의 통합을 이루며 사람들의 경배를 받는 가증스러운 도시로 세워지지만, 칠년 대환난의 마지막 심판 때 이 큰 성 바벨론을 멸하시면서 주님이 재림하십니다.

교회가 휴거된 후에 그리스도의 심판대와 어린 양의 혼인 잔치를 마치고 예수 그리스도는 백마를 타고 지상으로 재림하십니다. "또 내가 하늘이 열린 것을 보니 보라 백마와 탄 자가 있으니 그 이름은 충신과 진실이라 그가 공의로 심판하며 싸우더라"(계 19:11). 그의 옷은 피뿌린 옷이며 그의 이름은 하나님의 말씀입니다. 하늘에 있는 군대들이 희고 깨끗한 세마포를 입고 백마를 타고 주님을 따릅니다. 이때 주님께서 입에서 나오는 이한 검으로 아마겟돈에 모인 지상의 군대들을 멸하십니다. "그의 입에서 이한 검이 나오니 그것으로 만국을 치겠고 친히 저희를 철장으로 다스리며 또 친히 하나님 곧 전능하신 이의 맹렬한 진노의 포도주 틀을 밟겠고 그 옷과 그 다리에 이름 쓴 것이 있으니 만왕의 왕이요 만주의 주라 하였더라"(계 19:15-16).

예수 그리스도가 오실 때에 아마겟돈에 모인 적그리스도의 군대를 입으로 나오는 말씀의 검으로 물리치시는데 진노의 포도주 틀을 밟듯이 지상의 왕과 장군들과 군인들이 죽임을 당할 것을 묘사하고 있습니다. 지상의 군대가 그리스도를 대적하여 전쟁을 일으키다가 적그리스도인 짐승과 그 앞에서 이적을 행하며 미혹하던 거짓 선지자가 잡혀 산채로 유황불 붙는 못에 던지우고 그 나머지는 그리스도의 입에 나오는 검에 죽게 됩니다. "짐승이 잡히고 그 입에서 이적을 행하던 거짓 선지자도 함께 잡혔으니 이는 짐승의 표를 받고 그의 우상에게 경배하던 자들을 이적으로 미혹하던 자라 이 둘이 산채로 유황불 붙는 못에 던지우고 그 나머지는 말 탄 자의 입에서 나오는 검에 죽으매 모든 새가 그 고기로 배불리우더라"(계 19:20-21). 예수 그리스도는 적그리스도가 통치하는 나라를 멸하시고 이 땅에 재림하셔서 일천 년간 세상을 왕으로 통치하십니다. 천년 왕국동안 주님은 사탄을 잡아 무저갱에 천년동안 가두어 세상을 미혹하지 못하게 하십니다. "무저갱에 던져 잠그고 그 위에 인봉하여 천년이 차도록 다시는 만국을 미혹하지 못하게 하였다가 그 후에는 반드시 잠간 놓이리라"(계 20:3). 주님께서는 사탄을 무저갱에 가두신 후에 구원받은 하나님의 백성들과 천년 왕국으로 입성하셔서 하나님의 나라를 세우실 것입니다. 이 때가 다윗의 언약이 성취되는 때입니다. "네 집과 네 나라가 내 앞에서 영원히 보전

되고 네 위가 영원히 견고하리라 하셨다 하라"(삼하 7:16). 하나님이 다윗에게 약속하신 언약은 다윗의 후손으로 오시는 예수 그리스도가 천 년간 왕으로 다윗의 보좌인 예루살렘에서 통치하심으로 성취됩니다. 이와 같이 하나님의 언약은 영원한 약속입니다.

7년 대환란 (계 6장~19장)

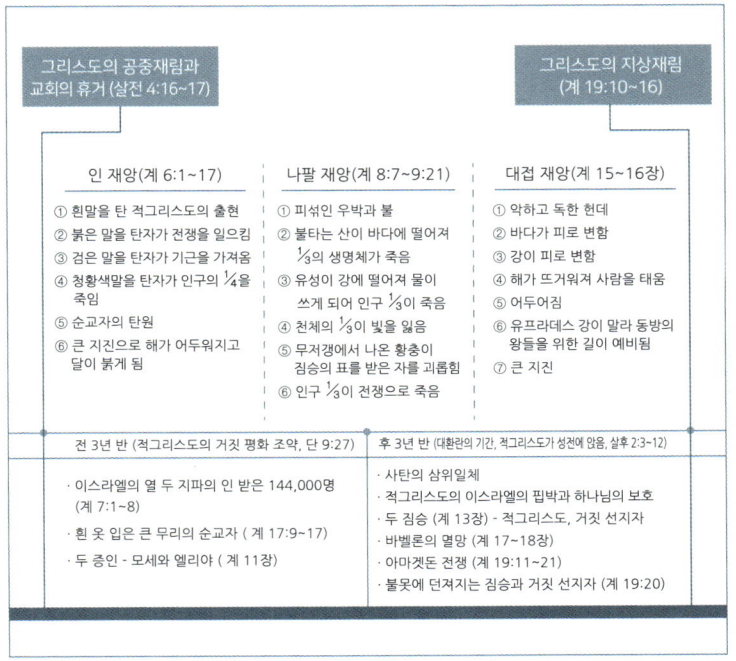

The Second Coming of Jesus Christ
and the End of the Age

Chapter 5

사탄, **적**그리스도, 거짓 선지자

"또 내가 보매 개구리 같은 세 더러운 영이 용의 입과 짐승의 입과 거짓 선지자의 입에서 나오니 저희는 귀신의 영이라 이적을 행하여 온 천하 임금들에게 가서 하나님 곧 전능하신 이의 큰 날에 전쟁을 위하여 그들을 모으더라"(계 16:13-14).

하나님은 성부와 성자, 그리고 성령의 삼위일체로 존재하시며 활동하십니다. 이와같이 사탄도 칠년 대환난 기간에 하나님을 대적하기 위하여 악의 삼위일체를 이루어 하나님을 대적합니다. 사탄의 삼위일체는 사도 요한이 요한계시록 16장 13절에서 세 더러운 영에 대하여 언급하며 용과 짐승, 거짓 선지자라고 지칭했습니다. 용은 사탄을 지칭하며 짐승은 적그리스도입니다. 그리고 거짓 선지자는 세상을 미혹하는 두 번째 짐승입니다. 하나님은 진리와 사랑으로 세상을 세우시며 다스리시지만, 사탄은 거짓과 기만과 불의로 세상을 미혹합니다.

마지막 시대를 살아가는 우리는 하나님의 말씀을 통하여 마지막 시대에 사탄이 어떻게 세상을 미혹하여 자신의 왕국을 세우는지를 알아야 합니다. 우리가 사탄의 실체와 그들의 결말을 아는 것은 사탄에게 속지 않고 믿음으로 승리하게 하는 열쇠가 됩니다. 다음은 사탄과 짐승, 그리고 거짓 선지자에 대한 성경의 예언입니다.

용은 하나님을 대적하는 사탄입니다.

"큰 용이 내어 쫓기니 옛 뱀 곧 마귀라고도 하고 사단이라고도 하는 온 천하를 꾀는 자라 땅으로 내어 쫓기니 그의 사자들도 저와 함께 내어 쫓기니라"(계 12:9).

요한계시록 12장은 큰 붉은 용이 여자로 묘사된 이스라엘을 핍박하는 장면을 보여줍니다. 붉은 용은 사탄을 상징하며, 사탄이 천사들의 삼분의 일을 미혹하여 함께 타락하여 땅에 떨어집니다(계 12:4). 사탄인 용은 칠년 대환난 기간 중에 하늘에서 천사장인 미가엘과 싸우지만 결국 패배하여 땅으로 내어 쫓깁니다. "큰 용이 내어 쫓기니 옛 뱀 곧 마귀라고도 하고 사단이라고도 하는 온 천하를 꾀는 자라 땅으로 내어 쫓기니 그의 사자들도 저와 함께 내어 쫓기니라"(계 12:9). 칠년 대환난 기간에 그의 사자들과 땅으로 내어 쫓긴 사탄은 이스라엘과 주의 거룩한 성도를 핍박하지만, 하나님이 광야에서 삼년 육 개월 간 이스라엘을 보호하실 것입니다(계 12:13-17).

사탄의 주요 목표는 하나님을 대적하기 위하여 하나님의 백성들을 공격하며 핍박하는 것입니다. 칠년 대환난 기간에 사탄의 주요 공격은 이스라엘 백성이 될 것입니다. 요한 계시록은 용이 해산하는 여자의 아이를 삼키려는 모습을 보여줍니다. 여자가 낳은 아이는 메시야이십니다. "... 용이 해산하려는 여자 앞에서 그가 해산하면 그 아이를 삼키고자 하더니 여자가 아들을 낳으니 이는 장차 철장으로 만국을 다스릴 남자라 그 아이를 하나님 앞과 그 보좌 앞으로 올려가더라"(계 12:5). 용이 여자가 낳은 아이를 삼키려는 것은 사탄이 메시야를 공격하여 하나님을 대적하는 모습입니다. 여자는 이스라엘을 상징하며, 철장으로 만국을 다스릴 남자는 메시야이신 예수님이십니다. 예수님이 베들레헴에 탄생하실 때에 사탄은 헤롯왕을 통하여 아기 예수를 죽이려고 했으나 하나님의 도우심으로 애굽으로 피신하여 목숨을 건지셨습니다. 철장으로 만국을 다스릴 아이가 하나님 앞과 보좌 앞으로 올라가는 모습은 예수 그리스도가 부활하신 후에 하늘로 승천하신 모습을 보인 것입니다. 사탄은 칠년 대환난 기간에 남자를 낳은 여자인 이스라엘을 핍박합니다(계 12:13). 용으로 묘사된 사탄은 이스라엘에게 분노하며 하나님의 계명을 지키며 구원받은 주의 백성들과 싸움을 하는 자입니다. "용이 여자에게 분노하여 돌아가서 그 여자의 남은 자손 곧 하나님의 계명을 지키며 예수의 증거를 가진 자들로 더불어 싸우려고 바다 모래 위에 섰더라"(계 12:17). 사탄은 하나님과 싸워 이길 수 없기에, 하나님을 따르는 거룩한 백성을 대적하여 넘어지게 하려 합니다.

하나님께서는 아담을 유혹하여 죄를 범하게 한 사탄이 여자의 후손이신 메시야에게 패배당할 것을 예언하셨습니다. "내가 너로 여자와 원수가 되게 하고 너의 후손도 여자의 후손과 원수가 되게 하리니 여자의 후손은 네 머리를 상하게 할 것이요 너는 그의 발꿈치를 상하게 할 것이니라 하시고"(창 3:15). 사탄은 여자의 후손이신 예수님의 발꿈치를 상하게 할 것이지만, 여자의 후손이신 예수 그리스도는 사탄의 머리를 상하게 할 것입니다. 사탄은 여자의 후손으로 오실 메시야를 공격하기 위하여 끊임없이 도전했습니다. 출애굽 시대에는 사탄이 애굽의 바로를 통하여 유대의 모든 남자를 죽여 메시야가 오는 혈통을 끊으려고 했고, 이스라엘의 바벨론 포로 시대에는 사탄이 아각 사람 하만을 통하여 모든 유대인들을 죽여 메시야가 나실 민족을 몰살하려는 궤계를 꾸미게 했습니다. 예수님의 공생애 시대에는 사탄이 가롯 유다에게 들어가 예수님을 유대의 대제사장에게 팔아 십자가에서 죽게 했습니다. 이로 인하여 사탄이 승리한 것처럼 보였지만, 예수님은 무덤에서 살아나셨고 하늘로 승천하셨습니다. 예수님이 십자가에서 부활하여 죄와 사망의 권세를 이기심으로 사탄의 머리를 상하게 하셨습니다. 예수님이 사망의 권세를 깨트리시고 부활하심으로 사탄의 권세를 이기신 것입니다. 사탄과 여자의 후손인 예수님과의 영적 전쟁은 지금도 계속되고 있고 마지막 유황불에 사탄이 떨어질 때까지 계속될 것입니다. 사탄은 자기의 때가 얼마 못 된 줄을 알기에 하나님을 향한 대적을 계속합니다(계 12:12). 하나님께서는 사탄을 천년왕국 기간에 무저갱에 가둬 세상을 미혹하지 못하게 합니다. "용을 잡으니 곧 옛 뱀이요 마귀요 사단이라 잡아 일천년 동안 결박하여 무저갱에 던져 잠그고 그 위에 인봉하여 천년이 차도록 다시는 만국을 미혹하지 못하게 하였다가 그 후에는 반드시 잠간 놓이리라"(계 20:2-3). 무저갱에 갇혀 있던 사탄이 천년이 지나 무저갱에서 나오게 됩니다. 그때 사탄은 자기를 따르는 사람들을 모아 하나님을 대적하다가 불과 유황 못에 떨어져 영원토록 고통을 당합니다. "또 저희를 미혹하는 마귀가 불과 유황 못에 던지우니 거기는 그 짐승과 거짓 선지자도 있어 세세토록 밤낮 괴로움을 받으리라"(계20:10). 예수님께서는 불과 유황불로 타는 불못인 지옥이 사탄과 그의 사자들을 위하여 준비된 곳이라고 하셨습니다(마 25:41).

짐승은 그리스도를 대적하는 적그리스도입니다.

"용이 짐승에게 권세를 주므로 용에게 경배하며 짐승에게 경배하며 가로되 누가 이 짐승과 같으뇨 누가 능히 이로 더불어 싸우리요 하더라"(계 13:4).

요한계시록 13장은 짐승에 대하여 묘사합니다. "내가 보니 바다에서 한 짐승이 나오는데 뿔이 열이요 머리가 일곱이라 그 뿔에는 열 면류관이 있고 그 머리들에는 참람된 이름들이 있더라"(계 13:1). 바다에서 나온 짐승은 표범과 비슷하고 발이 곰의 발 같고 그 입은 사자의 입 같은데 사탄이 자기의 능력과 보좌와 큰 권세를 짐승에게 줍니다. 그리고 그의 머리 하나가 죽게 되다가 상처가 낫게 되자, 이에 온 세상이 이상하게 여겨 짐승을 따르며 사탄인 용에게 경배하고 짐승하게 경배합니다. 짐승은 하나님을 대적하는 참람한 말을 하며 성도들과 싸워 이기고, 각 족속과 백성을 다스리는 권세를 받습니다. 이때가 짐승이 사탄에게 권세를 받아 적그리스도로서 세계정부(one world government)의 통치자가 되어 삼년반 동안 세상을 다스리기 시작할 때입니다.

다니엘 2장에서 느부갓네살 왕이 꾼 꿈을 다니엘이 하나님이 주신 지혜로 해석합니다. "왕이여 왕이 한 큰 신상을 보셨나이다 그 신상이 왕의 앞에 섰는데 크고 광채가 특심하며 그 모양이 심히 두려우니 그 우상의 머리는 정금이요 가슴과 팔들은 은이요 배와 넓적다리는 놋이요 그 종아리는 철이요 그 발은 얼마는 철이요 얼마는 진흙이었나이다"(단 2:31-33). 하나님께서는 다니엘을 통하여 앞으로 세상의 권세를 잡게 될 나라들을 보이셨습니다. 느부갓네살 왕이 본 신상의 머리는 정금으로 바벨론 제국을 상징합니다(단 2:38). 그리고 은으로 된 가슴과 팔들은 페르시아 제국을 의미합니다. 놋으로 된 배와 넓적다리는 알렉산더 대왕이 세울 그리스 제국이며, 철로 된 종아리는 로마 제국을 의미합니다. 그리고, 철과 진흙으로 된 발은 열 나라로 세워지는 재건로마제국(Revived Roman Empire)입니다(단 2:41-43). 철과 진흙으로 재건되는 로마제국은 바로 칠년 대환난 기간에 적그리스도에 의하여 통치되는 단일세계정부입니다.

다니엘 7장은 미래에 일어날 제국들에 대한 예언을 보여주고 있습니다. 다니엘은 큰 짐승 넷이 바다에서 나오는 꿈을 꿉니다(단 7:1-8). 이때 천사가 와서 다니엘이 꿈에서 본 짐승은 세상에 일어날 네 왕이라고 설명하면서, 마침내 하나님의 성도들이 영원한 나라를 얻을 것이라고 했습니다(단 7:17-18). 다니엘이 본 짐승들과 왕들은 다음과 같습니다. 첫째는 독수리의 날개를 가진 사자로서 바벨론을 상징하며, 둘째는 세 갈빗대를 물은 곰으로서 메데 바사 제국의 페르시아를 상징합니다. 세 갈빗대는 리디아, 바벨론, 이집트의 삼국동맹을 페르시아가 멸망시킨 것을 의미합니다. 그리고 셋째는 새의 날개 넷을 가진 표범으로서 알렉산더 대왕 이후로 네 개의 제국으로 나누어진 그리스를 상징합니다. 넷째는 철 이와 열 뿔을 가진 무서운 짐승입니다. 이때 작은 뿔이 나와 먼저 된 뿔 셋을 뿌리까지 뽑습니다. 이에 대하여 천사는 다니엘에게 이렇게 설명합니다. "그 열 뿔은 이 나라에서 일어날 열 왕이요 그 후에 또 하나가 일어나리니 그는 먼저 있던 자들과 다르고 또 세 왕을 복종시킬 것이며"(단 7:24). 철 이를 가진 나라는 로마제국이며, 그 후에 열 뿔은 열 나라를 상징하는 것으로 느부갓네살 왕의 신상과 같이 마지막 시대에 재건될 로마 제국입니다. 이때 작은 뿔이 세 뿔을 뽑는데,

이는 적그리스도가 세 왕을 복종시켜 통치권을 얻는 것을 의미합니다. 요한 계시록 13장은 바다에서 나오는 한 짐승이 열 뿔을 가졌다고 했습니다. "내가 보니 바다에서 한 짐승이 나오는데 뿔이 열이요 머리가 일곱이라 그 뿔에는 열 면류관이 있고 그 머리들에는 참람된 이름들이 있더라"(계 13:1). 열나라는 칠년 대환난 기간에 세계를 통치할 재건로마제국입니다. 그 나라의 권세를 얻은 자가 바로 짐승이며 적그리스도입니다. 열 뿔의 나라가 예수 그리스도로 인하여 멸망된 이후에 주님은 다윗에게 약속한 영원한 나라를 세우실 것인데, 그 나라가 바로 주님이 왕으로 통치하시는 천년 왕국입니다(단 8:27).

열 뿔을 가진 짐승은 하나님을 대적하며 성도를 괴롭게 하는 자로서 삼년 반 동안 권세를 갖습니다. "그가 장차 말로 지극히 높으신 자를 대적하며 또 지극히 높으신 자의 성도를 괴롭게 할 것이며 그가 또 때와 법을 변개코자 할 것이며 성도는 그의 손에 붙인바 되어 한 때와 두 때와 반 때를 지내리라 그러나 심판이 시작된즉 그는 권세를 빼앗기고 끝까지 멸망할 것이요"(단 7:25-26). 적그리스도인 짐승은 지극히 높으신 하나님을 대적하며 그의 성도를 핍박하는 자입니다. 적그리스도는 성전에서 하나님의 자리에 앉아 숭배를 받으며, 자신을 숭배하지 않고 짐승의 표를 받지 않는 자를 목베어 죽일 것입니다. 예수님께서는 다니엘서를 인용하시면서 멸망의 가증한 것이 성전에 설 것을 말씀하셨습니다. "그러므로 너희가 선지자 다니엘의 말한바 멸망의 가증한 것이 거룩한 곳에 선 것을 보거든"(마 24:15). 주님은 멸망의 가증한 것이 성전에 서면 큰 환난이 시작된다고 하셨습니다. 이는 적그리스도가 성전에 앉아 자신을 하나님이라 칭하는 사건을 의미합니다. 데살로니가후서는 예수님의 지상 재림 전에 일어날 사건에 대하여 다음과 같이 설명합니다. "누가 아무렇게 하여도 너희가 미혹하지 말라 먼저 배도하는 일이 있고 저 불법의 사람 곧 멸망의 아들이 나타나기 전에는 이르지 아니하리니 저는 대적하는 자라 범사에 일컫는 하나님이나 숭배함을 받는 자 위에 뛰어나 자존하여 하나님 성전에 앉아 자기를 보여 하나님이라 하느니라"(살후 2:2-4). 예수 그리스도께서 지상으로 재림하시기 전에 불법의 사람이며 멸망의 아들인 적그리스도가 하나님의 성전에 앉아 자기를 하나님이라 하는 사건이 일어납니다. 이와 같이 악한 자는 사탄의 역사를 따라 능력과 표적과 거짓 기적과 불의의 속임으로 사람들을 미혹하는 자입니다.

요한계시록 13장은 짐승이 권세를 갖는 장면을 설명합니다. 사탄이 짐승에게 자신의 능력과 보좌와 큰 권세를 주어 상처로 죽게 된 자가 살아나자 사람들이 이상히 여기며 그를 따르기 시작합니다(계 13:2-3). 그리고 사람들이 사탄과 짐승에게 경배하며 "누가 이 짐승과 같으뇨 누가 능히 이로 더불어 싸우리요 하더라"(계 13:4)고 합니다. 그리고 거짓 선지자인 두 번째 짐승이 사탄의 권세로 이적을 행하며 짐승을 위하여 우상을 만듭니다. 그리고, 짐승인 적그리스도의 우상에게 생기를 주어 말하게 하고 그 우상에게 경배하지 아니하는 자는 몇이든지 다 죽이게 합니다. "저가 권세를 받아 그 짐승의 우상에게 생기를 주어 그 짐승의 우상으로 말하게 하고 또 짐승의 우상에게 경배하지 아니하는 자는 몇이든지 다 죽이게 하더라"(계 13:15). **이때가 예수님이 예언하신 대로 적그리스도가 성전에 앉아 자기를 하나님이라 하는 시기입니다.** 그리고 적그리스도인 짐승은 모든 사람의 오른손이나 이마에 표를 받게 하는데, 이 표를 가져야 상업 활동을 할 수 있게 합니다. 이 표는 짐승의 이름으로 666표입니다(계 13:16-18). 적그리스도는 짐승의 표를 사람들의 이마나 오른손에 받게 하는데, 그 짐승의 이름이나 짐승의 수로써 그 수는 육백 육십 육이라고 했습니다. 666표는 적그리스도인 짐승을 우상으로 숭배하는 자의 표로써 대환난 기간에 짐승과 그의 우상에게 경배하고 이 짐승의 표를 받는 자는 밤낮 쉬지 않고 고난을 받다가 마침내 불과 유황으로 타는 지옥에 떨어집니다(계 14:9-11).

짐승이 권세를 잡는 기간은 교회가 휴거된 이후입니다. 데살로니가후서는 "불법의 비밀이 이미 활동하였으나 지금 막는 자가 있어 그 중에서 옮길 때까지 하리라 그 때에 불법한 자가 나타나리니 주 예수께서 그 입의 기운으로 저를 죽이시고 강림하여 나타나심으로 폐하시리라"(살후 2:7-8)라고 했습니다. 이는 불법의 비밀이 이미 활동하고 있지만 지금은 성령이 적그리스도의 출연을 막고 있는 것입니다. 그러나 교회가 휴거가 될 때에 성령이 교회와 함께 올라가게 되면 그 때에 불법한 자인 적그리스도가 자신의 정체를 드러낼 것입니다. 그러나 그리스도가 지상 재림하실 때에 적그리스도의 나라는 폐하여지고 영원한 유황불 못에 산채로 떨어지게 됩니다. 요한 계시록 6장은 칠년 대환난이 시작되면서 첫 번째 인의 심판인 흰 말을 탄 자가 면류관을 받는 장면을 묘사합니다(계 6:2). 흰 말을 탄 자는 백마를 타고 오시는 예수 그리스도를 흉내 내는 자입니다. 그는 적그리스도로서 전쟁을 하지 않고 면류관을 받습니다. 왜 그는 전쟁을 하지 않고 면류관을 받을까요? 그는 사탄의 권세를 받아 세계 단일 정부의 통치자가 될 뿐 아니라, 거짓으로 유대인과 협정을 맺어 거짓 평화를 만들기 때문입니다. 다니엘 9장은 다니엘의 마지막 이레인 칠년 대환난에 일어날 사건을 설명합니다. "그가 장차 많은 사람으로 더불어 한 이레 동안의 언약을 굳게 정하겠고 그가 그 이레의 절반에 제사와 예물을 금지할 것이며 또 잔포하여 미운 물건이 날개를 의지하여 설 것이며 또 이미 정한 종말까지 진노의 황폐케 하는 자에게 쏟아지리라 하였느니라"(단 9:27). 적그리스도는 많은 사람들과 언약을 맺어 평화를 정착시킵니다. 그러나 칠년의 반이 지나면 하나님께 드리는 제사와 예물을 금지하고 자신이 하나님의 자리에 앉아 숭배를 받습니다. 미운 물건이 날개를 의지하여 서는 것은 하나님의 가증한 것이 성전에 앉는 모습인데, 적그리스도가 자신을 하나님이라 하며 숭배를 받는 모습입니다. 이에 대하여 다니엘 7장은 작은 뿔 하나가 이스라엘 땅을 향하여 나가서 스스로 높아져 하나님께 드리는 제사를 제하고 성소를 헐은 후에, 매일 드리는 제사를 자신에게 드리도록 할 것을 보여주고 있습니다(단 7:9-12).

적그리스도가 통치하는 마지막 왕국은 예수 그리스도께서 오심으로 멸망당합니다. 주님은 적그리스도의 왕국을 멸망하신 후에 천년 동안 이 땅에 하나님 나라를 세우십니다. "그러나 심판이 시작된즉 그는 권세를 빼앗기고 끝까지 멸망할 것이요 나라와 권세와 온 천하 열국의 위세가 지극히 높으신 자의 성민에게 붙인바 되리니 그의 나라는 영원한 나라이라 모든 권세 있는 자가 다 그를 섬겨 복종하리라 하여"(단 7:26-27). 예수 그리스도가 적그리스도의 나라를 멸하시고 세우시는 나라는 지극히 높으신 하나님의 나라입니다. 다니엘 2장에서 다니엘은 느부갓네살 왕의 신상을 통하여 하나님이 모든 나라를 멸하시고 영원한 하나님의 나라를 세우실 것을 예언했습니다(단 2:44). 손으로 하지 아니한 뜨인 돌이 신상의 철과 진흙의 발을 부수고 우상을 친 돌이 태산을 이루는 환상이 주님이 세우시는 천년 왕국입니다(단 2:35). 거짓 그리스도로서 하나님을 대적했던 짐승은 그 결말이 유황불 지옥입니다. 주님이 지상 재림 하실 때에 아마겟돈 전쟁에서 군대를 멸하시고 짐승을 잡아 산채로 유황불 못에 던지십니다(계 19:20). 적그리스도는 불법의 사람이며 멸망의 아들입니다. 결국 예수 그리스도께서 지상 재림하실 때에 산채로 유황불로 타는 지옥 불에 던져져 영원한 고통을 당하게 될 것입니다.

최근에 우리는 코로나 19로 인하여 큰 변화를 경험하고 있습니다. 코로나 19가 가져온 변화는 개인의 자유가 통제되고 국가 간의 협력이 절실해졌다는 것입니다. 5G라는 인터넷 망을 통하여 전 세계는 더욱 하나가 되고 있고 과학기술로 인하여 사람들에 대한 신분 확인과 통제는 가속화되고 있습니다. 세계적 경제 사학자 니얼 퍼거슨은 코로나 19로 민주주의가 훼손될 수 있고, 정보 기술 기업을 통제 관리하는 중국식 네트워크가 전 세계로 퍼지고 있는 것을 경고했습니다. 중국식 네트워크는 정보 기술로 국민을 통제하고 관리하는 시스템입니다. 또한 코로나 19의 문제를 해결하기 위한 세계 질서의 개편을 요구하고 있습니다. 이는 세계단일정부를 세우기 위하여 신세계

질서(new world order)를 추구하는 사람들의 목표와 일치합니다. 랭캐스터 침례교회의 폴 채플 목사는 코로나 19로 인하여 개개인을 감시하는 과학 기술로 인하여 정부가 시민을 통제하는 것에 대하여 염려한다고 했습니다. 그리고, 코로나 19로 인한 상황은 세계정부의 권세(One World Power)를 만드는 환경을 만들고 있다고 했습니다. 현재 많은 국가들이 베리칩을 손에 심어 경제활동을 하는 수단으로 사용하고 있습니다. 이제 앞으로 개인의 통제와 신분 확인을 위하여 베리칩에 대한 요구는 계속 커질 것입니다. 그리고 세계의 갈등과 어려운 문제를 해결하기 위한 세계 단일 정부의 필요성은 강하게 요구될 것입니다. 코로나 19는 적그리스도의 출연과 그의 세계 정부가 세워지는 환경을 만들어 가고 있습니다.

예수 그리스도가 지상 재림하실 때에 적그리스도는 패배합니다. 지금 이 시대에 적그리스도는 세계 어딘가에 존재할 수도 있습니다. 교회가 휴거되고 성령이 들림받은 후에 적그리스도는 자신의 모습을 나타낼 것입니다. "불법의 비밀이 이미 활동하였으나 지금 막는 자가 있어 그 중에서 옮길 때까지 하리라" (살후 2:7). 불법의 활동을 지금 막는 자는 성령이십니다. 성령께서 불법의 활동을 막다가 교회가 휴거될 때에 다시 하늘로 올라가십니다. 이때 적그리스도는 자신의 정체를 드러낼 것입니다. 그리고 그는 처음에는 예수님과 같이 평화의 왕으로 자신을 가장하지만, 삼년 반이 지난 후에는 이스라엘 민족과 성도들을 핍박하며 자신이 하나님으로 숭배 받으려 합니다. 그러나 그는 그리스도가 재림하실 때에 산채로 유황불로 타는 지옥 불에 던져져 영원한 고통을 받을 것입니다.

거짓 선지자는 세상을 미혹하는 종교통합의 우두머리입니다.

"내가 보매 또 다른 짐승이 땅에 올라오니 새끼 양 같이 두 뿔이 있고 용처럼 말하더라"(계 13:11).

사탄의 삼위일체는 사탄과 적그리스도, 그리고 거짓 선지자입니다. 거짓 선지자는 종교적인 영역에서 사탄과 적그리스도의 오른팔 역할을 하는 추종자입니다. 요한 계시록 13장은 두 마리 짐승을 소개합니다. 첫 번째 짐승은 정치적인 권력을 가진 적그리스도로서 자칭 하나님이라 하는 멸망의 아들입니다. 두 번째 짐승은 거짓 선지자입니다. 요한 계시록 13장 11절은 두 번째 짐승에 대하여 설명합니다. "내가 보매 또 다른 짐승이 땅에서 올라오니 새끼 양 같이 두 뿔이 있고 용처럼 말하더라"(계 13:11).

두 번째 짐승은 새끼 양 같이 두 뿔이 있으며 용처럼 말을 하는 자로서, 외형적으로는 새끼 양 같이 그리스도를 따르는 자 같지만 그가 하는 말은 사탄의 말입니다. 그는 사탄이 주는 권세를 가지고 세상을 미혹하여 적그리스도를 숭배하게 합니다. 그의 실체에 대하여 요한 계시록은 거짓 선지자라고 했습니다(계 19:20). 그는 짐승 앞에서 이적을 행하던 거짓 선지자로서 짐승의 표를 받고 그의 우상에게 경배하던 자들을 이적으로 미혹하던 자입니다. 두 번째 짐승인 거짓 선지자는 첫 번째 짐승인 적그리스도를 숭배하게 하는 역할을 합니다. 그는 하늘에서 내리는 불과 여러 이적으로 사람들을 미혹하고 칼에 상하였다가 살아난 짐승을 위하여 우상을 만들게 합니다. 그는 또한 사탄의 권세를 받아 짐승의 우상에게 생기를 주어 우상이 말하게 합니다. "저가 권세를 받아 그 짐승의 우상에게 생기를 주어 그 짐승의 우상으로 말하게 하고 또 짐승의 우상에게 경배하지 아니하는 자는 몇이든지 다 죽이게 하더라"(계13:15). **거짓 선지자는 짐승의 우상에게 경배하지 아니하는 자는 몇이든지 다 죽이게 합니다.**

오늘날의 과학 기술은 인공지능을 통하여 로봇이 말을 하게 하는 시대입니다. 거짓 선지자는 적그리스도의 우상이 말을 하도록 생기를 주고, 적그리스도에게 경배하지 아니하는 자는 목을 베어 죽이는 자입니다. 다니엘서는 느부갓네살 왕의 우상에게 절하지 아니하던 사드락, 메삭, 아벳느고를 풀무불에 던져 넣은 사건을 기록하고 있습니다. 로마 시대에는 황제의 신상에게 절하지 않던 초대 그리스도인들을 화형이나 고문으로 처형했습니다. 당시의 신상은 모두 강력한 황제의 우상이었고, 강력한 왕은 자신들의 이미지와 이름을 화폐에 기록하여 통용하게 했습니다. 이와 같이 거짓 선지자는 짐승을 위하여 모든 사람의 오른손이나 이마에 짐승의 표를 받게 할 것입니다. "누구든지 이 표를 가진 자 외에는 매매를 못하게 하니 이 표는 곧 짐승의 이름이나 그 이름의 수라 지혜가 여기 있으니 총명 있는 자는 그 짐승의 수를 세어 보라 그 수는 사람의 수니 육백 육십 륙이니라"(계13:17-18). 오른손과 이마에 넣는 짐승의 표는 짐승의 이름이나 이름의 수라고 했습니다.

오늘날 과학기술은 베리칩을 사람의 손에 이식하여 신분증과 같은 역할을 하도록 요구하고 있습니다. 최근의 코로나 19는 사람들을 감시하고 통제하는 국가적인 권한을 확대하는 방향으로 전환하고 있습니다. 중국이 사람들을 안면인식 기술로 통제하고 있듯이 적그리스도가 통치하는 대환난 기간에는 짐승의 표가 없이는 상업 활동을 할 수 없습니다. 이 표는 짐승을 하나님으로 숭배하는 자에게만 주어지는 표이며, 그 표를 받지 않는 자는 죽임을 당합니다. 그러나 짐승의 표를 받은 자는 하나님의 진노로 인하여 심판의 날에 불과 유황으로 영원한 고통을 당할 것입니다.

요한계시록 17장은 음녀가 받을 심판을 보여주고 있습니다. "또 일곱 대접을 가진 일곱 천사 중 하나가 와서 내게 말하여 가로되 이리 오라 많은 물위에 앉은 큰 음녀의 받을 심판을 네게 보이리라"(계 17:1). 음녀는 우상 숭배를 통하여 영적으로 간음하는 여인을 말합니다. 이는 에큐메니컬 운동과 같은 종교 통합 운동을 통하여 하나님을 버리고 우상을 숭배하는 모습입니다. 음녀는 거짓 종교의 체계라고 할 수 있고, 음녀의 우두머리가 거짓 선지자입니다. 땅의 왕들이 음녀와 더불어 음행하였고 땅에 거하는 자들이 음행의 포도주에 취하였다(계17:2)는 것은 땅의 왕들과 백성들이 우상 숭배에 참여하여 영적인 음행의 죄에 빠진 것을 의미합니다. 그리고 음녀는 일곱 머리와 열 뿔 가진 붉은 빛 짐승을 탔고, 그녀는 자주 빛과 붉은 빛 옷을 입었습니다(계 17:2-3). 이는 음녀가 열 뿔 가진 짐승인 적그리스도의 영향력으로 자신을 높이는 모습입니다. 음녀가 자주 빛과 붉은 빛 옷을 입고 금과 보석과 진주로 꾸미고 손에 금잔을 가졌는데 그 안에는 가증한 물건과 그의 음행의 더러운 것들이 가득했습니다. 음녀는 순교자의 피를 흘리게 한 거짓 종교입니다. "또 내가 보매 이 여자가 성도들의 피와 예수의 증인들의 피에 취한지라 내가 그 여자를 보고 기이히 여기고 크게 기이히 여기니"(계17:6). 음녀의 모습에서 성경의 진리를 왜곡하여 우상을 숭배하는 로마 카톨릭과 그의 수장인 교황의 이미지를 보게 됩니다. 역사적으로 카톨릭은 수많은 참된 크리스천들을 핍박하여 죽였습니다. 그리고 교황과 추기경들은 자주 빛과 붉은 빛 옷으로 자신을 치장했습니다. "그 이마에 이름이 기록되었으니 비밀이라, 큰 바벨론이라, 땅의 음녀들과 가증한 것들의 어미라 하였더라"(계 17:5). 음녀는 땅의 음녀들인 우상 숭배자들과 가증한 것들의 어미인 큰 바벨론(Babylon the Great)입니다.

음녀가 큰 바벨론으로서 우상 숭배자들과 가증한 것들의 어미라고 했습니다. 이는 음녀의 가증한 것의 뿌리가 바벨론에 있음을 보여줍니다. 창세기 10장은 니므롯이 바벨에 나라를 세웠다고 기록합니다. 그리고 그는 시날 평지에 하나님을 대적하기 위하여 바벨탑을 세웁니다. 바벨탑은 지구라트 처럼 신을 섬기는 신전의 모형으로써 하나님을 향한 조직적인 반역이었습니다. 그 후에 바벨론은 함부라비 왕 시대에 권력의 절정을 이루었고, 다니엘 시대에는 느부갓네살 왕이 바벨론 제국을 다시 건설하고 자신의 신상을 세워 우상 숭배를 하게 합니다. 기록에 의하면 바벨을 건설한 니므롯은 세미라미스라는 아내가 있었는데, 그녀는 우상을 숭배하는 신전의 여사제였습니다. 그녀는 아들을 낳은 후에 기적으로 임신하였다고 거짓말을 합니다. 그리고 그녀의 아들을 탐무즈라고 하며 여자의 후손으로 약속된 메시야로 추종하게 했습니다. 그녀는 자신을 하늘의 여왕으로 신격화하고, 그의 아들인 탐무즈가 야생 짐승에 의하여 죽었으나 다시 부활하였다는 신화를 만들어 그를 숭배하게 했습니다. 에스겔은 이스라엘 백성이 탐무즈를 위하여 애도하는 종교 의식을 보여주고 있으며(겔 8:14), 예레미야 선지자는 하늘의 여왕을 위하여 떡을 만들고 분향하는 우상 숭배 의식이 이스라엘에서 거행됨을 책망했습니다(렘 7:18, 44:17-19). 가나안의 우상숭배인 바알과 아세라는 풍요의 신으로서 바벨론의 종교에 뿌리를 두고 있습니다. 바알은 탐무즈로서 풍요의 신이고, 아세라는 세미라미스로 비유하는 것입니다. 그 후에 로마 카톨릭은 마리아 숭배를 통하여 아기 예수를 안고 있는 마리아를 숭배합니다. 바벨론 종교에 뿌리를 둔 카톨릭의 우상숭배의 모습입니다.

적그리스도가 세상의 정부를 하나로 만들어 그리스도를 대적하는 세계단일정부를 만들고자 한다면, 거짓 선지자는 세상의 종교를 하나로 만드는 종교통합을 통하여 적그리스도를 숭배하게 합니다. 거짓 선지자를 추종하는 거짓 종교 세력이 하나님을 대적하는 음녀인 것입니다. 로마 카톨릭이 콘스탄틴 황제에 의하여 만들어질 때에 거짓된 종교 지도자들이 진리를 부인하고 정치와 결탁했듯이, 마지막 시대에는 종교와 정치가 결탁하여 음녀의 거대한 바벨론을 탄생시킵니다. 그것이 바로 여자가 짐승을 탄 모습입니다. "곧 성령으로 나를 데리고 광야로 가니라 내가 보니 여자가 붉은 빛 짐승을 탔는데 그 짐승의 몸에 참람된 이름들이 가득하고 일곱 머리와 열 뿔이 있으며"(계 17:3). 그러나 적그리스도가 하나님의 성전에 앉아 숭배 받기 시작하면서 음녀를 미워하고 망하게 할 것입니다. "내가 본바 이 열 뿔과 짐승이 음녀를 미워하여 망하게 하고 벌거벗게 하고 그 살을 먹고 불로 아주 사르리라"(계 17:16). 음녀는 적그리스도에 의하여 망하여 불로 사름을 당합니다. 이는 적그리스도가 하나님의 권세를 얻었기에 더 이상 거짓 종교의 힘을 필요로 하지 않기 때문입니다. "또 네가 본바 여자는 땅의 임금들을 다스리는 큰 성이라 하더라"(계 17:18). 음녀는 세상의 왕들을 다스리는 큰 성으로서 거짓 종교의 근거지입니다. 큰 성은 로마 교황이 있는 카톨릭의 본거지인 바티칸을 의미할 수 있습니다.

사탄의 삼위일체인 짐승과 거짓 선지자의 종말은 유황불이 타는 지옥불입니다. "짐승이 잡히고 그 앞에서 이적을 행하던 거짓 선지자도 함께 잡혔으니 이는 짐승의 표를 받고 그의 우상에게 경배하던 자들을 이적으로 미혹하던 자라 이 둘이 산채로 유황불 붙는 못에 던지우고"(계 19:20). 예수 그리스도가 공중에서 지상으로 재림하실 때에 아마겟돈 전쟁에서 짐승의 군대를 멸하십니다. 그리고 짐승과 거짓 선지자를 산채로 유황불 붙는 못에 던지시고, 그들은 영원한 지옥 불에서 고통당합니다. 사탄은 천년왕국 기간에 무저갱에 갇혀 있다가 일천년이 지나 무저갱에서 나와 하나님을 대적하다 불과 유황 못에 던져집니다. "또 저희를 미혹하는 마귀가 불과 유황 못에 던지우니 거기는 그 짐승과 거짓 선지자도 있어 세세토록 밤낮 괴로움을 받으리라"(계 20:10). 마귀와 짐승, 거짓 선지자는 하나님을 대적하고 세상을 미혹한 대가로 유황 불 못에서 영원히 고통을 당할 것입니다.

The Second Coming of Jesus Christ
and the End of the Age

Chapter 6

천년 왕국

"이 첫째 부활에 참여하는 자들은 복이 있고 거룩하도다 둘째 사망이 그들을 다스리는 권세가 없고 도리어 그들이 하나님과 그리스도의 제사장이 되어 천년동안 그리스도로 더불어 왕노릇 하리라"(계 20:6).

천년 왕국은 예수님께서 지상 재림 하신 후에 천년동안 온 세상을 다스리는 기간입니다. 예수님께서 공중 재림 하실 때에 믿는 자들은 휴거 되어 공중에서 주님을 만납니다. 공중에서 믿는 자들은 그리스도의 심판대에 서서 상급을 받게 되고 그 후에 어린 양의 혼인 잔치에 참여합니다(계 19:7). 우리가 하늘에서 어린 양의 혼인 잔치에 참여하고 있을 때에 이 땅에서는 칠년간 대환난의 기간이 시작됩니다. 칠년 대환난은 교회가 휴거가 된 이후에 시작되고 그리스도가 지상 재림하면서 마칩니다. 그리고 주님께서 지상으로 재림하신 후에 친히 이 땅에서 천년 동안 왕으로 통치하실 것입니다.

천년 왕국은 아브라함과 다윗에게 약속하신 하나님의 언약을 성취하게 합니다. 하나님께서는 아브라함과 맺은 언약을 통하여 가나안 땅을 애굽강에서부터 유브라데까지 주신다고 하셨습니다. "그 날에 여호와께서 아브람으로 더불어 언약을 세워 가라사대 내가 이 땅을 애굽강에서부터 그 큰 강 유브라데까지 네 자손에게 주노니"(창 15:18). 하나님이 아브라함에게 주신 약속은 여호수아가 가나안을 정복하면서 성취되기 시작했습니다. 그리고 다윗과 솔로몬의 정복을 통해서 확장되어 갔습니다. 그러나 하나님이 약속하신 땅의 전부는 아브라함의 자손으로 오시는 메시야를 통하여 성취될 것입니다. 그리고 하나님께서는 다윗과의 언약을 통하여 "네 집과 네 나라가 내 앞에서 영원히 보전되고 네 위가 영원히 견고하리라 하셨다 하라"(삼하 7:16)고 하셨습니다. 이는 다윗의 후손으로 오시는 메시야가 영원한 나라를 세우실 것에 대한 예언입니다. 예수 그리스도가 지상 재림하시면서 만왕의 왕으로서 온 땅을 천 년간 다스리시면서 다윗의 언약을 성취하실 것입니다. 이와 같이 예수 그리스도가 왕으로 오셔서 세우시고 통치하시는 천년왕국은 구약의 아브라함과 다윗의 언약을 성취하는 것이며 선지자들이 예언한 이스라엘의 회복에 대한 예언을 온전히 성취하는 것입니다.

주님이 통치하시는 천년 왕국의 특징은 다음과 같습니다.

천년 왕국은 왕이신 예수님이 다스리는 나라입니다.

"... 그들이 하나님과 그리스도의 제사장이 되어 천년 동안 그리스도로 더불어 왕노릇 하리라"(계 20:6).

예수님은 다윗의 자손으로 오셨습니다. 다윗의 혈통은 왕의 혈통이기에 예수 그리스도는 이스라엘의 합법적인 왕의 자격을 갖추셨습니다. 다윗의 위가 영원히 보전되고 견고히 세워지는 것은 다윗의 자손인 예수 그리스도께서 재림하셔서 천년 왕국을 세우시고 통치하심으로 완성됩니다(삼하 7:16). 시편 기자는 시편 2편에서 이렇게 기록했습니다. "내가 나의 왕을 내 거룩한 산 시온에 세웠다 하시리로다 내가 영을 전하노라 여호와께서 내게 이르시되 너는 내 아들이라 오늘날 내가 너를 낳았도다 내게 구하라 내가 열방을 유업으로 주리니 네 소유가 땅 끝까지 이리로다"(시 2:6-8). 시편 기자는 하나님께서 열방을 하나님의 아들이신 그리스도께 주셔서 온 세상을 다스리게 하신다고 예언했습니다. 이는 그리스도께서 왕으로 오셔서 온 세상을 천년 동안 다스림에 대한 예언입니다.

하나님은 다니엘에게 하나님이 세우실 영원한 나라에 대한 비전을 보게 하셨습니다. "이 열왕의 때에 하늘의 하나님이 한 나라를 세우시리니 이것은 영원히 망하지도 아니할 것이요 그 국권이 다른 백성에게로 돌아가지도 아니할 것이요 도리어 이 모든 나라를 쳐서 멸하고 영원히 설 것이라"(단 2:44). 다니엘은 느부갓네살 왕의 꿈을 해석하면서 하나님께서 보여주신 왕국을 해석했습니다. 다니엘은 꿈의 해석을 통하여 바벨론, 페르시아, 그리스, 로마 제국, 그리고 열 나라의 연합으로 세워질 재건 로마 제국을 보았습니다. 다니엘은 마지막으로 지상에 세워지는 하나님의 영원한 나라를 보았습니다. 하나님이 세우시는 마지막 나라는 사람의 손으로 아니하고 산에서 뜨인 돌이 철과 놋과 진흙과 은과 금을 부숴뜨리며 태산과 같은 나라를 세우게 됩니다. 이 나라는 그리스도께서 지상 재림 하셔서 세우시는 천년왕국입니다. 다니엘은 "나라와 권세와 온 천하 열국의 위세가 지극히 높으신 자의 성민에게 붙인바 되리니 그의 나라는 영원한 나라이라 모든 권세 있는 자가 다 그를 섬겨 복종하리라 하여"(단 7:27)

라고 했습니다. 하나님은 예수 그리스도께서 세우시는 영원한 나라를 하나님의 거룩한 백성에게 주실 것입니다. 그러므로 구원받은 하나님의 자녀들이 주님과 함께 천년간 왕 노릇하는 특권을 누리는 것입니다.

스가랴서는 예수 그리스도께서 감람산에 서실 것이며 온 나라를 만왕의 왕으로 통치하실 것을 예언하고 있습니다. "여호와께서 천하의 왕이 되시리니 그 날에는 여호와께서 홀로 하나이실 것이요 그 이름이 홀로 하나이실 것이며"(슥 14:9). 예수 그리스도께서 이 땅에 오셔서 왕으로 통치하신 적이 없으십니다. 그날에는 주님께서 지상 재림하심으로 천년 동안 왕으로 이 땅을 다스리실 것입니다. 이사야 선지자는 그리스도가 평강의 왕으로서 다윗의 위에 앉아서 그 나라를 굳게 세우실 것이라고 했습니다(사 9:6-7). 주님께서는 예루살렘을 그 분 나라의 수도로 정하시고 통치하실 것입니다.

예레미야 선지자는 다윗의 자손 중에 한 의로운 가지가 왕이 되어 다스리실 것에 대하여 다음과 같이 예언했습니다. "나 여호와가 말하노라 보라 때가 이르리니 내가 다윗에게 한 의로운 가지를 일으킬 것이라 그가 왕이 되어 지혜롭게 행사하며 세상에서 공평과 정의를 행할 것이며 그의 날에 유다는 구원을 얻겠고 이스라엘은 평안히 거할 것이며 그 이름은 여호와 우리의 의라 일컬음을 받으리라"(렘 23:5-6). 다윗의 자손이신 예수 그리스도께서 왕이 되셔서 세상을 공평과 정의로 다스리실 것입니다. 이때 이스라엘 민족은 평안을 누리며 하나님이 자신들의 의라고 할 것입니다. 스가랴 선지자는 예수 그리스도께서 시온에 돌아오셔서 예루살렘을 수도로 삼고 다스리실 것을 예언했습니다. "나 여호와가 말하노라 내가 시온에 돌아왔은즉 예루살렘 가운데 거하리니 예루살렘은 진리의 성읍이라 일컫겠고 만군의 여호와의 산은 성산이라 일컫게 되리라"(슥 8:3). 예루살렘은 천년 왕국의 수도로서 하나님의 영광을 회복할 도성이 될 것입니다.

천년 왕국은 거룩한 성도가 입성합니다.

"그 때에 임금이 그 오른편에 있는 자들에게 이르시되 내 아버지께 복 받을 자들이여 나아와 창세로부터 너희를 위하여 예비된 나라를 상속하라"(마 25:34).

우리는 천년 왕국의 백성으로서 주님과 함께 살아가게 될 것입니다. 어떻게 하나님의 백성만이 천년 왕국에 들어갈 수 있을

까요? 우리는 하나님의 백성들의 휴거와 부활에 대하여 이해해야 합니다. 주님이 공중 재림 하실 때에 주님 안에서 잠자던 자들이 깨어나 새로운 몸으로 변화되며, 살아있는 우리도 주님과 같이 새로운 몸으로 변화되어 휴거됩니다. 그리고 주님이 지상 재림 하실 때에 주님과 함께 이 땅에 와서 천년 왕국에 들어가게 됩니다. 또한 칠년 대환난 기간 중에 순교당한 성도들도 부활하여 주님과 함께 천년 왕국에 들어갑니다.

"또 내가 보좌들을 보니 거기 앉은 자들이 있어 심판하는 권세를 받았더라 또 내가 보니 예수의 증거와 하나님의 말씀을 인하여 목베임을 받은 자의 영혼들과 또 짐승과 그의 우상에게 경배하지도 아니하고 이마와 손에 그의 표를 받지도 아니한 자들이 살아서 그리스도로 더불어 천년 동안 왕노릇 하니"(계 20:4).

칠년 대환난 기간 중에 순교당한 믿음의 사람들은 주님이 재림하실 때에 부활하여 다시 살아납니다. 그들은 부활하여 주님과 함께 천년 왕국에 입성하는 것입니다. 그들은 천년 왕국에서 하나님과 그리스도의 제사장이 되어 그리스도로 더불어 왕노릇 할 것입니다. 주님이 공중 재림 하실 때와 주님이 지상 재림하실 때의 부활을 첫째 부활이라고 합니다. 첫째 부활에 참예하는 자들은 복이 있습니다. 왜냐하면, 그들에게는 둘째 사망이 없으며 영원히 하나님과 거하는 특권을 누리기 때문입니다. 천년 왕국은 주님이 지상 재림하실 때에 주님과 함께 오는 성도들이 들어가며, 칠년 대환난 기간 중에 순교한 성도가 부활하여 들어가게 될 것입니다. "... 이마와 손에 그의 표를 받지도 아니한 자들이 살아서 그리스도로 더불어 천년 동안 왕노릇 하니"(계 20:4). 천년 왕국에 참여하는 또 다른 사람들은 칠년 대환난 기간 중에 살아남은 성도들입니다. 주님께서 모든 영광으로 이 땅에 오셔서 양과 염소를 구별하실 것입니다. 이때 양은 오른편에, 염소는 왼편에 두게 됩니다. 그리고 양들을 향하여 창세로부터 너희를 위하여 예비된 나라를 상속하라고 하셨습니다.

"인자가 자기 영광으로 모든 천사와 함께 올 때에 자기 영광의 보좌에 앉으리니 모든 민족을 그 앞에 모으고 각각 분별하기를 목자가 양과 염소를 분별하는 것 같이 하여 양은 그 오른편에, 염소는 왼편에 두리라 그 때에 임금이 그 오른편에 있는 자들에게 이르시되 내 아버지께 복 받을 자들이여 나아와 창세로부터 너희를 위하여 예비된 나라를 상속하라"(마 25:31-34).

주님께서는 천년 왕국에 들어가시면서 모든 민족을 모으셔서 심판하신다고 하셨습니다. 요엘서는 여호사밧 골짜기에서 만국을 모아 심판하심을 예언했습니다. "내가 만국을 모아 데리고 여호사밧 골짜기에 내려가서 내 백성 곧 내 기업된 이스라엘을 위하여 거기서 그들을 국문하리니 이는 그들이 이스라엘을 열국 중에 흩고 나의 땅을 나누었음이며"(욜 3:2). 심판의 장소인 여호사밧은 기드론 골짜기로 추정하고 있습니다. 주님은 여호사밧 골짜기에서 양과 염소를 구분하셔서 양들만 위하여 예비하신 나라를 상속한다고 하셨습니다. 양과 염소를 구분하는 기준은 예수 그리스도를 구주로 영접하여 구원받아 의롭게 되었는가 입니다. 주님이 지상 재림하실 때에 양은 하나님이 다스리는 천년 왕국에 입성하게 되지만, 염소는 영원한 형벌에 들어가게 됩니다. 주님은 칠년 대환난 기간에 믿음을 가진 증거가 바로 이스라엘 민족을 향하여 선대하는 것이라고 하셨습니다. "임금이 대답하여 가라사대 내가 진실로 너희에게 이르노니 너희가 여기 내 형제 중에 지극히 작은 자 하나에게 한 것이 곧 내게 한 것이니라 하시고 또 왼편에 있는 자들에게 이르시되 저주를 받은 자들아 나를 떠나 마귀와 그 사자들을 위하여 예비된 영영한 불에 들어가라"(마 25:40-41). 주님은 구원받은 자는 의롭게 되어 의로운 행실의 증거가 나타나지만, 죄인들은 하나님을 대적하며 그의 백성인 이스라엘 민족을 핍박한다고 하셨습니다. 천년 왕국에 들어가는 사람들은 구원받은 하나님의 백성들뿐입니다. 그들은 하나님이 세우신 나라에서 하나님과 그리스도의 제사장이 되어 천년 동안 왕 노릇하게 될 것입니다.

예수님께서는 은 열 므나의 비유에서 충성스럽게 장사하여 한 므나에서 열 므나를 남긴 종을 칭찬하시면서 열 고을 권세를 차지하라고 하셨습니다. "주인이 이르되 잘하였다 착한 종이여 네가 지극히 작은 것에 충성하였으니 열 고을 권세를 차지하라 하고"(눅 19:17). 주님이 다스리는 나라에서는 이 땅에서 충성스럽게 주님을 섬긴 자가 권세를 얻고 다스리게 될 것입니다. 주인은 왕위를 받으러 갔다가 왕위를 받아 돌아오면서 충성스러운 종에게 열 고을 권세를 차지하게 했습니다. 이는 그리스도께서 왕으로 오셔서 다스리실 때에 신실한 성도에게 세상을 다스리는 권세를 주실 것을 말씀하시는 것입니다.

천년 왕국에서는 피조물의 회복이 일어납니다.

"이리와 어린 양이 함께 먹을 것이며 사자가 소처럼 짚을 먹을 것이며 뱀은 흙으로 식물을 삼을 것이니 나의 성산에서는 해함도 없겠고 상함도 없으리라 여호와의 말이니라"(사 65:25).

주님이 다스리는 나라는 피조물의 회복이 일어납니다. 그 날에는 짐승들이 서로 해치고 공격하는 포악함이 사라집니다.

그리하여 이리와 어린 양이 함께 먹고 사자가 소처럼 짚을 먹을 것입니다. 또한 뱀은 흙으로 식물을 삼기에 사람이나 다른 동물들을 공격할 필요가 없게 됩니다. 하나님의 거룩한 곳에서는 해함이나 상함도 일어나지 않습니다. 그 곳에서는 백세에 죽는 자도 아이와 같아서 모두가 장수하는 축복을 누립니다. 이사야 11장에서는 천년 왕국 동안에 일어날 일에 대하여 자세히 설명하고 있습니다.

"그 때에 이리가 어린 양과 함께 거하며 표범이 어린 염소와 함께 누우며 송아지와 어린 사자와 살찐 짐승이 함께 있어 어린 아이에게 끌리며 암소와 곰이 함께 먹으며 그것들의 새끼가 함께 엎드리며 사자가 소처럼 풀을 먹을 것이며 젖먹는 아이가 독사의 구멍에서 장난하며 젖뗀 어린 아이가 독사의 굴에 손을 넣을 것이라 나의 거룩한 산 모든 곳에서 해됨도 없고 상함도 없을 것이니 이는 물이 바다를 덮음 같이 여호와를 아는 지식이 세상에 충만할 것임이니라"(사 11:6-9).

주님이 다스리는 나라에는 이리가 어린 양과 함께 거하며 표범이 어린 염소와 함께 누우며 송아지와 어린 사자가 함께 거합니다. 그리고 사자가 소처럼 풀을 먹을 것이며 아이가 독사의 굴에 손을 넣어도 해를 입지 않는 나라입니다. 그리고 물이 바다를 덮음 같이 여호와를 아는 지식이 세상에 충만하게 될 것입니다. 그 나라는 주님이 다스리는 평화의 나라이기 때문입니다. 그 나라는 주님이 다스리시기 위하여 만물을 새롭게 하여 에덴동산과 같은 환경으로 만드실 것입니다.

주님이 다스리는 나라에서는 광야와 메마른 땅이 기뻐하며 사막이 백합화 같이 피어 즐거워하며 무성하게 필 것이라고 했습니다(사 35:1-2). 그리하여 그 땅에서 여호와의 영광을 보게 될 것입니다. 그 날에는 사막이 변하여 못이 되며 메마른 땅에서 샘이 흘러날 것입니다(사 35:7). 주님의 나라는 주님께서 모든 것을 회복하셔서 모든 피조물에게서 하나님의 영광이 나타날 것입니다. 그래서 사도 바울은 로마서 8장에서 고대하는 것은 하나님의 아들들이 나타나는 것이라고 했습니다. 왜냐하면, 하나님의 아들들이 나타나는 것은 주님이 다스리는 천년 왕국의 시작을 의미하기 때문입니다. 우리가 몸의 구속을 기다리듯이 피조물도 썩어짐의 굴레에서 벗어나 하나님의 자녀들의 영광과 같이 회복될 것입니다. "피조물이 다 이제까지 함께 탄식하며 함께 고통하는 것을 우리가 아나니 이뿐 아니라 또한 우리 곧 성령의 처음 익은 열매를 받은 우리까지도 속으로 탄식하여 양자 될 것 곧 우리 몸의 구속을 기다리느니라"(롬 8:22-23). 그러므로 우리는 하나님의 나라가 임하여 모든 것을 회복하시는 그 날을 사모해야 합니다.

천년 왕국에서는 사탄이 무저갱에 갇히게 됩니다.

"또 내가 보매 천사가 무저갱 열쇠와 큰 쇠사슬을 그 손에 가지고 하늘로서 내려와서 용을 잡으니 곧 옛 뱀이요 마귀요 사단이라 잡아 일천년 동안 결박하여 무저갱에 던져 잠그고 그 위에 인봉하여 천년이 차도록 다시는 만국을 미혹하지 못하게 하였다가 그 후에는 반드시 잠간 놓이리라"(계 20:1-2).

하나님께서는 천년 왕국을 세우시면서 사탄을 잡아서 일천 년 동안 무저갱에 가두십니다. 무저갱은 바닥이 없는 구덩이라는 뜻을 가지고 있습니다. 무저갱은 타락한 천사들이 고통 가운데 갇혀있는 깊은 암흑입니다. 유다서는 무저갱을 타락한 천사들이 큰 날의 심판까지 어두움에 갇혀있는 흑암이라고 했습니다. "또 자기 지위를 지키지 아니하고 자기 처소를 떠난 천사들을 큰 날의 심판까지 영원한 결박으로 흑암에 가두셨으며"(유 6). 하나님께서는 천년 왕국이 이 땅에서 세워질 때에 만국을 미혹하는 사탄을 큰 사슬로 결박하여 무저갱에 가두십니다. 그리하여,

사탄이 무저갱에 갇혀 만국을 미혹하지 못하게 됩니다.

하지만 사탄이 무저갱에서 일천년 동안 갇혀 있다가 천년이 차면서 잠간 놓이게 됩니다. 그때 사탄이 곡과 마곡을 미혹하는데, 그들을 따르는 자가 바다 모래 같이 많다고 했습니다. 곡과 마곡은 하나님을 대적하는 사탄의 세력으로 이해할 수 있습니다. 사탄이 성도들의 진과 예루살렘을 공격하기 위하여 포위할 때 하늘에서 불이 내려와 그들을 소멸합니다. 하나님을 대적하는 사람들에 대한 하나님의 심판이 불로 임하여 멸망합니다. 그리고 저희를 미혹하던 마귀는 불과 유황 못에 던져져 영원한 고통을 당하게 됩니다. "또 저희를 미혹하는 마귀가 불과 유황 못에 던지우니 거기는 그 짐승과 거짓 선지자도 있어 세세토록 밤낮 괴로움을 받으리라"(계 20:10). 사람들을 미혹하여 하나님을 대적하게 했던 마귀가 불과 유황 못에 던져지며 그곳에는 이미 짐승과 거짓 선지자가 있었습니다. 사탄과 적그리스도인 짐승, 그리고 거짓 선지자는 유황불못(the lake of fire)에서 영원한 고통의 심판을 받을 것입니다.

천년 왕국이 마치는 기간에 사탄에게 미혹되어 하나님을 대적하는 전쟁에 참여하는 사람들은 누구인가요? 천년 왕국에는 휴거되거나 부활을 통하여 새로운 몸으로 변화된 성도들이 참여합니다. 이들은 부활하신 주님과 같이 변화된 새 몸을 입고 천년 왕국에 입성한 자들입니다. 예수님께서 죽은 자 가운데서 부활하셨을 때에 새로운 몸을 입으셨습니다. 그 분은 새로운 몸으로 부활하셨지만 제자들과 대화도 하시고 음식도 드시면서 40일 간을 지상에서 지내셨습니다. 이와 같이 변화된 몸을 입은 성도들은 새 몸을 입고 하나님의 나라에서 다스리는 삶을 살게 될 것입니다. 하지만 칠년 대환난 기간에 구원받고 살아남은 자들은 자연적인 육체의 몸을 입고 천년 왕국에 들어갑니다. 이들은 교회의 성도들과 같이 변화된 몸이 아닌 자연적인 육체로 천년 왕국에 들어가는 것입니다. 그들은 결혼을 해서 자녀도 낳을 것이며, 그들의 자녀들은 천년 왕국에서 생육하고 번성하게 됩니다. 천년 왕국에서도 새롭게 태어난 세대들은 그리스도를 개인의 구주로 영접하여 구원받아야 합니다. 왜냐하면 사탄이 잠시 풀려나오게 되면 사람들을 미혹하게 될 것이며, 구원받지 못한 자들은 결국 미혹에 넘어가 하나님을 반역하는 전쟁에 참여하게 될 것이기 때문입니다. 그들은 결국 하늘에서 내려오는 불로 소멸되는 큰 심판을 받게 될 것입니다.

천년 왕국은 마지막 시대에 주님께서 천년 동안 통치하시는 하나님의 나라입니다. 우리는 그 나라를 향한 소망을 가지고 살아가야 합니다. 우리가 예수 그리스도를 왕으로 모시면서 살아간다면, 그분의 뜻에 따르며 순종하게 될 것입니다. 우리의 왕은 오직 예수 그리스도이십니다.

Chapter 7

백보좌 심판과 지옥

"사망과 음부도 불못에 던지우니 이것은 둘째 사망 곧 불못이라 누구든지 생명책에 기록되지 못한 자는 불못에 던지우더라"(계 20:14-15).

죄의 삯은 사망입니다(롬 6:23). 사망은 모든 사람이 육체의 죽음에 이르는 첫째 사망과 죄인들이 하나님의 심판을 받아 유황으로 타는 불못(the lake of fire)에 던져지는 둘째 사망이 있습니다. 예수 그리스도를 구주로 영접하여 구원받은 의인은 첫째 부활을 통하여 영원한 하나님의 나라에 이르지만, 죄인들은 백보좌 심판의 때에 영원한 유황으로 타는 불못에 떨어져 둘째 사망에 이르게 됩니다.

예수님께서는 나사로와 부자의 비유에서 지옥에 대하여 언급하셨습니다. 불신자였던 부자는 죽어 음부에서 고통을 당했습니다. "저가 음부에서 고통 중에 눈을 들어 멀리 아브라함과 그의 품에 있는 나사로를 보고"(눅 16:23). 부자는 예수님을 믿지 않음으로 인하여 사망 이후에 음부에 떨어져 고통을 당했습니다. 성경은 지옥을 하데스와 게헨나의 지옥으로 구분합니다. 하데스라는 음부(흠정역은 지옥이라 번역함)는 죄인이 죽은 이후에 백보좌 심판에 이르기 전에 고통을 당하는 형벌의 장소입니다. 그리고 게헨나라는 지옥은 백보좌 심판을 받아 불과 유황으로 타는 불호수(the lake of fire)의 영원한 형벌의 장소입니다. 하데스라는 음부에서 고통당하던 부자는 미래에 있을 최후의 심판인 백보좌 심판에서 게헨나의 유황불 호수에 떨어져 영원한 고통을 당할 것입니다. "사망과 음부도 불못에 던지우니 이것은 둘째 사망 곧 불못이라"(계 20:14). 사망과 하데스라는 음부는 백보좌 심판에서 불 호수(the lake of fire)의 게헨나에 던져집니다. 게헨나는 예루살렘 남쪽에 위치한 힌놈 골짜기를 지칭하는 곳이었습니다. 힌놈 골짜기는 항상 동물이나 죄수들의 시신들을 태우는 곳이었습니다.

예수님께서는 게헨나에서 타는 불을 지옥으로 비유하시며 죄인들이 영원히 불 가운데 고통당할 것이라고 경고하셨습니다. 백보좌 심판과 유황으로 타는 불못인 지옥에 대한 성경의 가르침을 함께 나누고자 합니다.

백보좌 심판은 죄인들이 최후의 심판을 받는 곳입니다.

"사망과 음부도 불못에 던지우니 이것은 둘째 사망 곧 불못이라 누구든지 생명책에 기록되지 못한 자는 불못에 던지우더라"(계 20:14-15)

천년 왕국이 끝난 후에 죄로 죽은 영혼들이 백보좌 심판대에 서서 심판을 받습니다. "또 내가 크고 흰 보좌와 그 위에 앉으신 자를 보니 땅과 하늘이 그 앞에서 피하여 간 데 없더라"(계 20:11). 백보좌 심판대는 주님께서 크고 흰 보좌에 앉으셔서 죄 가운데 죽은 자들을 심판하시는 최후의 심판 자리입니다. 이때 바다가 죽은 자들을 내어주며 사망과 음부도 죽은 자들을 내어줍니다. 그리고, 그들은 자기 행위를 따라 책들에 기록된 대로 심판을 받게 됩니다. "바다가 그 가운데서 죽은 자들을 내어주고 또 사망과 음부도 그 가운데서 죽은 자들을 내어주매 각 사람이 자기의 행위대로 심판을 받고"(계 20:13). 백보좌 심판에서는 죽은 자들의 부활이 있게 됩니다. 이는 둘째 부활입니다. 바다와 사망과 음부가 죽은 자들을 내어주면서 죄인들이 심판을 받기 위한 몸으로 부활하게 됩니다. 믿는 자들은 첫째 부활에 참여하여 주님과 함께 영원히 거하지만, 죄인들은 둘째 부활을 통하여 백보좌 심판대 앞에 서게 됩니다.

죄인이 죽으면 음부(하데스)에서 고통당하다가 백보좌 심판대에서 영원한 형벌인 유황 불못의 지옥으로 떨어지는 것입니다. "사망과 음부도 불못에 던지우니 이것은 둘째 사망 곧 불못이라 누구든지 생명책에 기록되지 못한 자는 불못에 던지우더라"(계 20:14-15). 요한계시록은 사망과 음부가 불못에 던져지는 것이 둘째 사망이라고 했습니다. 예수님께서 경고한 지옥은 대부분이 죄인이 심판 때까지 기다리는 하데스의 음부보다는 백보좌 심판대에서 영원한 형벌을 받는 유황으로 타는 불못인 게헨나 지옥이었습니다. "몸은 죽여도 영혼은 능히 죽이지 못하는 자들을 두려워하지 말고 오직 몸과 영혼을 능히 지옥에 멸하시는 자를 두려워하라"(마 10:28). 주님이 말씀하신 몸과 영혼이 심판받는 지옥은 불타는 호수인 게헨나를 지칭하신 것입니다.

최후의 심판은 유황으로 타는 영원한 불못입니다.

모든 사람은 자신의 삶에 대하여 책임을 져야 하는 날이 찾아옵니다. 하나님께서는 모든 사람이 복음을 듣고 하나님께로 돌아올 수 있는 기회를 주셨습니다. 그러나 심판의 날에는 복음을 거절하고 죄 가운데 죽은 영혼들은 하나님 앞에서 자신의 죄에 대한 형벌을 받아야 합니다. 죄에 대한 형벌에 대하여 성경은 유황불로 타는 지옥이라고 단호하게 경고하고 있습니다. 성경에서 가르치는 지옥은 다음과 같습니다.

지옥은 불과 유황으로 타는 뜨거운 형벌의 장소입니다.

"또 저희를 미혹하는 마귀가 불과 유황 못에 던지우니 거기는 그 짐승과 거짓 선지자도 있어 세세토록 밤낮 괴로움을 받으리라"(계 20:10).

성경에서 가르치는 지옥은 비유가 아니라 실제입니다. 많은 사람들이 지옥에 대하여 너무나 추상적으로 생각하지만, 죽음 너머에 이르는 지옥은 너무나 큰 고통을 인내해야 하는 영원한 형벌의 처소입니다. 주님은 지옥에 대하여 구체적으로 가르치시며 경고하셨습니다.

  누가복음 16장에는 부자와 거지 나사로의 비유를 설명하고 있습니다. 두 사람이 죽은 후에 부자는 지옥에 떨어지고, 나사로는 아브라함의 품에서 안식하였습니다. 주님께서는 믿지 않은 부자가 처해있는 상황을 이렇게 말씀하셨습니다. "저가 음부에서 고통 중에 눈을 들어 멀리 아브라함과 그의 품에 있는 나사로를 보고"(눅 16:23). 부자는 지옥에서 고통 받고 있었습니다. 그리고 그는 "나를 긍휼히 여기사 나사로를 보내어 그 손가락 끝에 물을 찍어 내 혀를 서늘하게 하소서 내가 이 불꽃 가운데서 고민하나이다"(눅 16:24)라고 했습니다. 지옥은 뜨거운 불로 고통당하는 곳입니다. 또 부자는 "내 형제 다섯이 있으니 저희에게 증거하게 하여 저희로 이 고통 받는 곳에 오지 않게 하소서"(눅 16:28)라고 했습니다.

  주님께서는 지옥의 불못에 대하여 다음과 같이 경고하셨습니다. "만일 네 손이 너를 범죄케 하거든 찍어버리라 불구자로 영생에 들어가는 것이 두 손을 가지고 지옥 꺼지지 않는 불에 들어가는 것보다 나으니라"(막 9:43). 범죄하여 지옥에 가는 것보다 손을 찍어버려서 영생에 들어가는 것이 더 낫다고 하셨습니다. 왜냐하면 육체의 고통은 잠시이지만 꺼지지 않은 지옥불에서 영원히 고통을 받아야 하기 때문입니다. 지옥은 꺼지지 않는 불로 인해 영원히 고통 받는 곳입니다. 지옥에서는 구더기도 죽지 않고 불도 꺼지지 않으며 사람마다 불로서 소금 치듯 함을 받는 곳입니다. "거기는 구더기도 죽지 않고 불도 꺼지지 아니하느니라. 사람마다 불로서 소금 치듯 함을 받으리라"(눅 9:48-49). 마태복음 13장은 풀무 불에서 울며 이를 갊이 있으리라고 했습니다. "인자가 그 천사들을 보내리니 저희가 그 나라에서 모든 넘어지게 하는 것과 또 불법을 행하는 자들을 거두어 내어 풀무 불에 던져 넣으리니 거기서 울며 이를 갊이 있으리라 그 때에 의인들은 자기 아버지 나라에서 해와 같이 빛나리라 귀 있는 자는 들으라"(마 13:41-43). 마지막에 밭에서 알곡과 가라지를 분리하는 영혼의 추수가 있습니다. 가라지를 거두어 불에 사르는 것 같이 세상 끝에도 불법을 행하는 자들은 풀무 불에 던져지는 심판을 받게 됩니다. 그곳에서 죄인들은 울며 이를 가는 고통을 당하게 됩니다.

지옥은 믿지 않는 자가 받는 영원한 형벌의 장소입니다.

"누구든지 생명책에 기록되지 못한 자는 불못에 던지우더라"(계 20:15).

지옥의 형벌을 받는 자는 누구인가요? 지옥의 형벌을 받는 자는 죄 용서함을 받지 않고 죽은 자들입니다. 즉, 하나님 앞에서 죄인들이 가는 곳입니다. 누가 하나님 앞에서 죄인인가요? 이는 예수 그리스도를 믿지 않고 자신의 죄를 회개하지 않는 자들입니다.

지옥은 원래 마귀와 타락한 천사들을 위하여 준비된 곳입니다. 주님께서 믿지 않는 자들에게 마귀와 그 사자들을 위하여 준비된 영원한 불에 들어가라는 심판을 내리십니다. "또 왼편에 있는 자들에게 이르시되 저주를 받은 자들아 나를 떠나 마귀와 그 사자들을 위하여 예비된 영원한 불에 들어가라"(마 25:41). 왼편에 있는 자들은 주님이 오실 때에 복음을 거절하고 죄 가운데 살았던 사람들입니다. 요한계시록 20장에서도 마귀가 불과 유황으로 타는 못에 사람들보다 먼저 들어가서 고통을 당하는 모습을 설명합니다. "또 저희를 미혹하는 마귀가 불과 유황 못에 던지우니 거기는 그 짐승과 거짓 선지자도 있어 세세토록 밤낮 괴로움을 받으리라"(계 20:10). 마귀가 불과 유황 못에 던지우고 백보좌 심판 앞에서 죽은 자들이 부활하여 심판을 받게 됩니다.

지옥은 복음을 부인하고 죄악 가운데 살아가는 자들이 받는 영원한 형벌입니다. "… 주 예수께서 저의 능력의 천사들과 함께 하늘로부터 불꽃 중에 나타나실 때에 하나님을 모르는 자들과 우리 주 예수의 복음을 복종치 않는 자들에게 형벌을 주시리니 이런 자들이 주의 얼굴과 그의 힘의 영광을 떠나 영원한 멸망의 형벌을 받으리로다"(살후 1:7-9). 영원한 멸망의 형벌은 하나님을 모르며 주 예수의 복음을 복종치 않는 자들에게 임합니다. 누가복음에서는 날마다 자색 옷과 고운 베옷을 입고 호화로이 잔치를 벌이는 부자가 등장합니다. 그러나 그가 죽어 도착한 곳은 영원한 고통을 당하는 불못의 지옥이었습니다. 그는 자신의 몸이 불에서 타고 있었고 죽지 않는 영원한 고통 가운데 있는 것을 알았습니다. "… 아버지 아브라함이여 나를 긍휼히 여기사 나사로를 보내어 그 손가락 끝에 물을 찍어 내 혀를 서늘하게 하소서 내가 이 불꽃 가운데서 고민하나이다"(눅 16:24). 부자는 자신의 죄를 용서받지 않고 죄 가운데 죽었기 때문에 지옥에 떨어진 것입니다.

카톨릭은 가벼운 죄를 지은 사람은 죽어 천국과 지옥의 중간 단계인 연옥에 간다는 교리를 만들었습니다. 연옥에서 자신의 죄에 대한 대가를 지불하면 천국으로 인도될 수 있다는 거짓 교리입니다. 중세시대에는 살아있는 가족이 연옥에 있는 사람을 위해서 면죄부를 사면 연옥에서 천국으로 간다는 거짓 교리로 사람들을 미혹하였습니다. 천국과 지옥의 중간 단계는 없습니다. 사람은 죽어서 주님의 품인 천국에 이르거나, 불타는 지옥에서 고통당하는 것입니다. 다니엘서는 "땅의 티끌 가운데서 자는 자 중에 많이 깨어 영생을 얻는 자도 있겠고 수욕을 받아서 무궁히 부끄러움을 입을 자도 있을 것이며"(단 12:2)라고 했습니다. 성경은 영혼은 영원하다고 가르치고 있습니다. 우리의 영혼은 시간이 지나면서 소멸되거나 사라지지 않습니다. 사후에 구원 받은 영혼은 천국에서 안식하지만, 죄인들의 영혼은 지옥에서 고통을 당합니다. 어떤 사람들은 모든 사람이 죽어서 천국에 이른다고 믿습니다. 그들은 지옥이 실재하지 않는다고 믿기 때문에 모든 사람은 결국 천국에 이른다고 믿는 것입니다. 그들은 예수 그리스도만이 천국에 이르는 유일한 길임을 부인하는 것입니다. 이들은 하나님은 사랑이시기에 자신의 피조물을 지옥에 보내지 않을 것이라고 생각합니다. 이러한 사상은 성경을 부인하는 이단적인 가르침입니다.

하나님의 진노가 모든 경건치 않음과 불의에 대하여 하늘로 좇아 나타나는 것입니다. "하나님의 진노가 불의로 진리를 막는 사람들의 모든 경건치 않음과 불의에 대하여 하늘로 좇아 나타나니"(롬 1:18). 하나님은 사랑의 하나님이시지만, 죄에 대하여는 단호하신 거룩하신 하나님이십니다. 그러므로 하나님은 죄에 대하여 단호하게 심판하십니다. 요한계시록 21장은, "그러나 두려워하는 자들과 믿지 아니하는 자들과 흉악한 자들과 살인자들과 행음자들과 술객들과 우상 숭배자들과 모든 거짓말 하는 자들은 불과 유황으로 타는 못에 참예하리니 이것이 둘째 사망이라"(계 21:8)고 했습니다. 둘째 사망은 하나님을 믿지 않고 우상을 숭배하며 행음하고 거짓말 하는 자들이 불과 유황으로 타는 못에 떨어지는 것입니다.

지옥을 피하는 길은 예수님을 믿는 것입니다.

"무엇이든지 속된 것이나 가증한 일 또는 거짓말 하는 자는 결코 그리로 들어가지 못하되 오직 어린 양의 생명책에 기록된 자들 뿐이라"(계 21:27).

지옥은 실제로 존재하는 고통의 처소입니다. 사람이 죄 가운데 죽으면 영원한 진노인 지옥의 심판을 받게 됩니다. 하지만 하나님은 죄인이 예수님을 믿고 구원받아 멸망치 않고 회개하기를 원하십니다. "주의 약속은 어떤 이의 더디다고 생각하는 것 같이 더딘 것이 아니라 오직 너희를 대하여 오래 참으사 아무도 멸망치 않고 다 회개하기에 이르기를 원하시느니라"(벧후 3:9). 하나님은 사람들에게 멸망하지 않도록 회개할 기회를 주십니다. 사람들이 회개하는 기회를 얻는 것은 무엇인가요? 그것은 바로 자신이 죄인임을 깨닫고 예수 그리스도께로 나아오는 것입니다. 예수 그리스도를 개인의 구주로 영접하고 구원받으면 지옥의 판결을 피하고 영원한 천국에 이르게 됩니다.

하나님께서 심판하시는 이유는 인간이 지은 불순종의 죄 때문입니다. 하나님께서는 죄의 삯은 사망이라고 하셨습니다. "한 번 죽는 것은 사람에게 정하신 것이요 그 후에는 심판이 있으리니"(히 9:27). 모든 사람은 죄로 인하여 죽음을 경험하게 됩니다. 그 후에는 하나님의 심판이 기다리고 있습니다. 둘째 사망은 죄로 인하여 영원한 형벌인 유황불에 떨어지는 것입니다. 요한계시록은, "... 죽은 자들이 자기 행위를 따라 책들에 기록된 대로 심판을 받으니"(계 20:12)라고 했습니다. 자신의 죄를 기록한 책들이 백보좌 심판대에 있을 것입니다. 그러므로 아무도 하나님의 죄의 심판에 대하여 변명하거나 피할 수 없습니다. 죄인들이 자기 행위를 따라 책들에 기록된 대로 심판을 받게 될 것입니다.

주님께서는 죄의 심판이 영원한 지옥의 형벌임을 아셨습니다.

그리고 사람이 감당하기는 너무나 큰 저주이며 고통임을 아셨습니다. 이에 주님은 우리의 죄의 문제를 해결하시기 위하여 인간의 몸을 입고 이 땅에 오셨습니다. 그리고 우리의 죄를 대신해 십자가에서 피흘려 죽으셨습니다. 그리스도의 보혈은 우리의 죄의 값을 치르는 대가였습니다. "그리스도 예수 안에 있는 구속으로 말미암아 하나님의 은혜로 값 없이 의롭다 하심을 얻은 자 되었느니라"(롬 3:24). 우리의 구원은 예수 그리스도께서 흘리신 보혈의 공로로 값없이 얻은 것입니다. 죄인이 지옥의 형벌에서 구원을 받아 하나님께로 이르는 길은 오직 한 길밖에 없습니다. 그 길은 예수 그리스도이십니다. "하나님은 모든 사람이 구원을 받으며 진리를 아는데 이르기를 원하시느니라 하나님은 한 분이시오 또 하나님과 사람 사이에 중보도 한 분이시니 곧 사람이신 그리스도 예수라 그가 모든 사람을 위하여 자기를 속전으로 주셨으니 기약이 이르면 증거할 것이라"(딤전 2:4-6). 주님께서는 하나님과 사람 사이에 중보자가 되시기 위하여 자신을 속죄 제물로 주셨습니다. 우리는 예수 그리스도를 믿는 믿음으로 하나님께 나아갈 수 있으며 구원받아 하나님의 거룩한 자녀가 될 수 있습니다. "무엇이든지 속된 것이나 가증한 일 또는 거짓말 하는 자는 결코 그리로 들어가지 못하되 오직 어린 양의 생명책에 기록된 자들뿐이라"(계 21:27). 어린 양의 생명책에 기록된 자는 영원한 지옥불의 판결을 피하게 됩니다. 그리고 하나님의 어린 양의 생명책에 기록된 자녀들은 영원한 천국에 이르는 축복을 누리게 됩니다. 어린 양의 생명책에 이름이 기록되는 유일한 길은 예수 그리스도를 개인의 구주로 영접하여 의롭게 되는 것입니다.

Chapter 8

천국의 **영광**

"또 내가 새 하늘과 새 땅을 보니 처음 하늘과 처음 땅이 없어졌고 바다도 다시 있지 않더라 또 내가 보매 거룩한 성 새 예루살렘이 하나님께로부터 하늘에서 내려오니 그 예비한 것이 신부가 남편을 위하여 단장한 것 같더라"(계 21:1-2).

성경은 하늘을 세 단계로 구분하고 있습니다. 첫째 하늘은 공중의 새가 다니는 대기권입니다. 두 번째 하늘은 태양과 달, 그리고 별이 있는 우주 공간입니다. 셋째 하늘은 하나님이 거하시는 하늘나라인 천국입니다. 주님은 "하늘에 계신 우리 아버지여."(마 6:9)라고 하셨습니다. 즉, 하나님은 하늘에 거처를 두시고 온 세상을 다스리십니다. 사도 바울은 셋째 하늘에 올라간 자신의 경험에 대하여 간증했고(고후 12:2), 믿음으로 아브라함은 하나님의 영원한 도성인 천국을 바라보았습니다(히 11:10). 히브리서 기자는 믿음의 사람들은 이 땅에서 외국인과 나그네로 살았지만 더 나은 본향인 하늘에 있는 천국을 사모했다고 했습니다. "저희가 이제는 더 나은 본향을 사모하니 곧 하늘에 있는 것이라 그러므로 하나님이 저희 하나님이라 일컬음 받으심을 부끄러워 아니하시고 저희를 위하여 한 성을 예비하셨느니라"(히 11:16). 믿음의 사람들이 바라보았던 하늘에 있는 본향은 바로 요한계시록에서 보여주는 새 하늘과 새 땅에 임할 새 예루살렘입니다.

천국은 실제의 장소로써 믿는 자들이 영원히 거할 처소입니다. 사도 요한은 우리가 살며 바라보는 하늘과 땅은 백보좌 심판 때에 사라지고 새 하늘과 새 땅이 시작될 것이라고 했습니다. "또 내가 새 하늘과 새 땅을 보니 처음 하늘과 처음 땅이 없어졌고 바다도 다시 있지 않더라"(계 21:1). 백보좌 심판 이후로 믿음의 자녀들을 위하여 하나님께서는 새 하늘과 새 땅을 예비하실 것입니다. 이는 하나님께서 현재의 세상을 불태워 사라지게 하시고 하늘과 땅을 새롭게 창조하시는 것을 의미합니다. 베드로후서는 "하나님의 날이 임하기를 바라보고 간절히 사모하라 그 날에 하늘이 불에 타서 풀어지고 체질이 뜨거운 불에 녹아지려니와 우리는 그의 약속대로 의의 거하는 바 새 하늘과 새 땅을 바라보도다"(벧후 3:12-13)라고 가르치고 있습니다. 하나님이 임하시는 날에는 하늘이 불에 타서 풀어지고 땅이 뜨거운 불에 녹아집니다. 이때 우리는 하나님이 약속하신 새 하늘과 새 땅이 이루어짐을 보게 될 것입니다. 그리고 하나님께서는 새 예루살렘이 하늘에서 내려오게 하실 것입니다. 새 예루살렘은 하나님의 나라의 수도이며 믿는 자가 영원히 거할 처소입니다. "또 내가 보매 거룩한 성 새 예루살렘이 하나님께로부터 하늘에서 내려오니 그 예비한 것이 신부가 남편을 위하여 단장한 것 같더라"(계 21:2). 하늘에서 내려오는 새 예루살렘인 천국은 남편을 위하여 단장한 신부와 같다고 했습니다. 우리는 새 하늘과 새 땅에서 하나님과 영원히 살아가는 천국을 믿음으로 소망해야 합니다.

성경이 증거하는 천국의 모습은 다음과 같습니다.

천국은 하나님의 자녀들만이 입성할 수 있습니다.

"무엇이든지 속된 것이나 가증한 일 또는 거짓말 하는 자는 결코 그리로 들어오지 못하되 오직 어린 양의 생명책에 기록된 자들뿐이라"(계 21:27).

천국은 하나님의 거처이며 믿는 자들의 영원한 처소입니다. 주님이 제자들에게 하늘의 처소를 예비하시겠다고 약속하셨습니다. "내 아버지 집에 거할 곳이 많도다 그렇지 않으면 너희에게 일렀으리라 내가 너희를 위하여 처소를 예비하러 가노니 가서 너희를 위하여 처소를 예비하면 내가 다시 와서 너희를 내게로 영접하여 나 있는 곳에 너희도 있게 하리라"(요 14:2-3). 주님은 아버지 집인 천국에 우리를 위한 처소를 준비하고 계십니다. 그리고 천국에 거할 처소가 준비되면 우리를 인도하셔서 우리와 영원히 함께 하실 것입니다.

천국에 들어갈 수 있는 사람들은 죄 사함 받은 의인들입니다. 요한계시록은 아무나 영원한 나라에 들어올 자격이 주어지지 않는다고 했습니다. 즉, 속된 것이나 가증한 일 또는 거짓말 하는 자는 결코 천국에 들어갈 수 없습니다. 속된 것은 세상의 가치를 따르며 살았던 자들로서, 세상의 속된 것에 마음을 빼앗긴 죄인들과 가증한 일을 하는 죄인들입니다. 가증한 일을 하는 자는 우상을 숭배하는 자들이며 거짓말 하는 자들이란 진리를 버리고 거짓말로 사람들을 속이는 자들입니다. 이와 같이 죄인들은 천국에 들어갈 자격이 주어지지 않습니다. 천국은 오직 어린 양의 생명책에 기록된 자들만을 위한 곳입니다. "... 오직 어린 양의 생명책에 기록된 자들뿐이라"(계 21:27). 어린 양의 생명책에는 자신의 죄를 회개하고 주님을 개인의 구주로 영접한 자들의 이름만이 기록되어 있습니다. 천국은 예수 그리스도 안에서 새 생명을 얻어 구원받은 하나님의 자녀들만이 입성할 수 있는 곳입니다.

주님이 이 세상에 오신 이유는 우리의 죄를 속죄하셔서 죄와 사망에서 우리를 구원하시기 위함이었습니다. 예수 그리스도는 믿는 자를 새로운 피조물로 만드셨습니다. "그런즉 누구든지 그리스도 안에 있으면 새로운 피조물이라 이전 것은 지나갔으니 보라 새것이 되었도다"(고후 5:17). 예수 그리스도께서 우리를 새로운 피조물로 삼으셔서 새 하늘과 새 땅에서 살아갈 천국 백성으로 삼으셨습니다. 주님은 우리를 하나님의 나라인 천국으로 인도하시기 위해서 이 땅에 다시 오십니다. 사도 바울은 우리의 시민권이 하늘에 있다고 했습니다. "오직 우리의 시민권은 하늘에 있는지라 거기로서 구원하는 자 곧 주 예수 그리스도를 기다리노니 그가 만물을 자기에게 복종케 하실 수 있는 자의 역사로 우리의 낮은 몸을 자기 영광의 몸의 형체와 같이 변케 하시리라"(빌 3:20-21). 주님은 우리의 몸을 영광의 몸의 형체로 변케 하실 것이며, 우리를 영원한 천국으로 인도하실 것입니다. 우리는 이 땅에 살아가지만 하늘의 시민권을 두고 살아가는 자들입니다.

천국은 하나님과 영원히 함께하는 거처입니다.

"내가 들으니 보좌에서 큰 음성이 나서 가로되 보라 하나님의 장막이 사람들과 함께 있으매 하나님이 저희와 함께 거하시리니 저희는 하나님의 백성이 되고 하나님은 친히 저희와 함께 계셔서"(계 21:3).

천국은 하나님이 거하시는 곳입니다. 천국의 기쁨이 최고인 이유는 하나님과 함께하는 영광을 누리기 때문입니다. "보라 하나님의 장막이 사람들과 함께 있으매 하나님이 저희와 함께 거하시리니"(계 21:3). 구약에서는 하나님께서 모세의 장막과 솔로몬의 성전에 거하셨지만, 지금은 구원받은 하나님의 자녀들 안에 거하십니다. 그리고 천국에서는 하나님이 우리와 함께 거하시며 사시는 것입니다. 우리는 하나님의 백성으로 하나님의 임재의 영광 가운데 살아가는 축복을 누릴 것입니다.

천국에서는 하나님이 친히 빛을 비취시기에 등불이나 햇빛이 쓸데가 없어집니다. "다시 저주가 없으며 하나님과 그 어린 양의 보좌가 그 가운데 있으리니 그의 종들이 그를 섬기며 그의 얼굴을 볼 터이요 그의 이름도 저희 이마에 있으리라 다시 밤이 없겠고 등불과 햇빛이 쓸데없으니 이는 주 하나님이 저희에게 비취심이라 저희가 세세토록 왕 노릇 하리로다"(계 22:3-5). 천국은 하나님과 어린 양의 보좌가 그 가운데 있습니다. 그 곳에서 우리는 하나님의 얼굴을 보게 될 것이며 그 분의 빛이 비취어서 천국을 밝히게 될 것입니다. 우리의 육신으로는 하나님을 직접 볼 수 없습니다. 그러나 천국에서는 새로운 몸으로 변화되었기에 하나님의 임재 가운데 그 분의 빛을 바라보면서 영원한 기쁨을 누릴 것입니다.

우리는 천국에서 하나님을 예배하게 될 것입니다. 하나님을 바라보며 그 분의 임재와 영광 안에서 예배하는 큰 기쁨을 누릴 것입니다. 하나님은 우리를 사랑하셔서 구원하셨고, 더 나아가 우리와의 교제를 기뻐하십니다. 우리는 하나님의 크신 사랑 앞에서 큰 감격과 감사함으로 섬기게 될 것입니다. "... 그의 종들이 그를 섬기며 그의 얼굴을 볼 터이요 그의 이름도 저희 이마에 있으리라"(계 22:3). 우리는 주님을 예배할 뿐만 아니라 그 분을 섬기게 될 것입니다. 우리는 천국에서 하나님을 섬기며 그 분의 얼굴을 보는 것입니다. 이 땅에서 우리는 하나님의 영광을 부분적으로 보게 됩니다(고후 3:18). 우리는 예배와 기도와 말씀으로 주님의 임재하시는 영광을 부분적으로 바라봅니다. 그러나 천국에서는 우리가 주님의 영광을 바라보며 그 분을 온 마음을 다하여 경배하며 예배하는 기쁨을 누리게 될 것입니다.

천국은 저주의 고통이 사라집니다.

"모든 눈물을 그 눈에서 씻기시매 다시 사망이 없고 애통하는 것이나 곡하는 것이나 아픈 것이 다시 있지 아니하리니 처음 것들이 다 지나갔음이러라"(계 21:4).

이 땅은 아담의 죄로 인하여 저주가 시작되었고 사망과 죄가 관영하며 고통의 장소가 되었습니다. 그러기에 이 땅에서는 사람들이 아무리 노력해도 항상 사망이 찾아오고 질병과 애통하는 것이 가득합니다. 우리도 하나님의 자녀로 살아가지만 육신으로는 고통을 당하기도 하고 아프기도 하며 결국은 육체적인 사망에 이르게 됩니다. 그러나 천국은 이 땅과는 완전히 다른 곳입니다. 그곳은 저주가 없는 곳이기 때문입니다. 그곳은 사탄이 없는 곳이며, 죄와 사망이 없는 곳입니다.

요한계시록은 천국에 대하여 설명하면서, "모든 눈물을 그 눈에서 씻기시매 다시 사망이 없고 애통하는 것이나 곡하는 것이나 아픈 것이 다시 있지 아니하리니 처음 것들이 다 지나갔음이러라"(계 21:4)고 했습니다. 천국에서는 주님께서 모든 눈물을 씻어 주시며 위로하십니다. 그리고 주님은 선포하십니다. "주님의 나라에서는 사망도 없고 애통하는 것이나 곡하는 것이나 질병이 없을 것이다. 내가 만물을 새롭게 하노라." 이는 놀라운 주님의 은혜입니다. 하나님은 우리를 양자 삼으셔서 하나님의 자녀로 삼으셨습니다. 자녀된 우리는 하나님의 집에서 그 특권을 누리게 될 것입니다.

우리는 양자의 영을 받아 하나님을 아바 아버지라 부르게 되었습니다(롬 8:15-17). 성령도 우리가 하나님의 자녀인 것을 증거하고 있습니다. 하나님의 자녀로서 우리는 독생자이신 그리스도와 함께 하나님의 상속자가 되었습니다. 하나님의 상속자로서 그리스도와 함께 영광을 얻게 되는 것입니다. 천국은 하나님의 자녀가 된 우리가 누리는 영원한 기업이며 상속입니다. 하나님은 이렇게 큰 은혜를 주셔서 천국의 영광을 영원히 누리게 하셨습니다. 우리는 이것을 당연한 것으로 생각하지 말고 진심으로 감사하며 하나님을 예배하는 삶을 살아야 합니다.

천국은 거룩한 성 새 예루살렘입니다.

"성령으로 나를 데리고 크고 높은 산으로 올라가 하나님께로부터 하늘에서 내려오는 거룩한 성 예루살렘을 보이니"(계 21:10).

요한계시록은 천국의 모습에 대하여 구체적으로 설명하고 있습니다. 천국은 새 예루살렘으로 하늘에서 내려옵니다. 새 예루살렘은 새 하늘과 새 땅의 수도가 되어 믿는 자들이 거하는 성이 될 것입니다. 성의 크기에 대하여 이렇게 기록합니다. "그 성은 네모가 반듯하여 장광이 같은지라 그 갈대로 그 성을 측량하니 일만 이천 스다디온이요 장과 광과 고가 같더라"(계 21:16). 새 예루살렘인 천국은 높이와 길이와 넓이가 같은 정육면체의 모양을 가지고 있습니다. 그리고 천국을 측량하니 일만 이천 스다디온이라고 했습니다. 이는 2,400km 라고 주석가들은 설명하고 있습니다. 즉, 천국은 높이와 길이와 넓이가 2,400km 가 되는 거대한 성이 되는 것입니다. 만일 1km 마다 한 층을 만든다고 해도 2,400층의 면적이 되며 이는 지구의 면적의 24배가 된다고 합니다. 이는 지구상에 살았던 모든 인구를 수용해도 남을 만큼 큰 면적입니다. 이러한 새 예루살렘이 새 하늘과 새 땅에 있는 것입니다.

하나님의 성에는 하나님의 영광이 있고 그 성으로 빛이 비추게 됩니다. 그 빛은 귀한 보석 같고 열 두 문이 있는데 문들에는 이스라엘 열두 지파의 이름이 씌어 있습니다. 그리고 성곽에는 열두 기초석이 있는데 열두 사도의 이름이 적혀 있습니다.

"크고 높은 성곽이 있고 열 두 문이 있는데 문에 열두 천사가 있고 그 문들 위에 이름을 썼으니 이스라엘 자손 열두 지파의 이름들이라 동편에 세 문, 북편에 세 문, 남편에 세 문, 서편에 세 문이니 그 성에 성곽은 열두 기초석이 있고 그 위에 어린 양의 십 이 사도의 열두 이름이 있더라"(계 21:12-14).

그리고, 그 성은 정금으로 되어 있고 성곽은 벽옥으로 쌓였습니다. 이러한 큰 성이 위로는 2,400km 이며 넓이와 길이가 2,400km가 되어서 우리가 거할 영원한 성이 될 것입니다. 열두 문은 열 두 진주로 되어 있고 성의 길은 유리 같은 정금이라고 했습니다. "그 열 두 문은 열 두 진주니 문마다 한 진주요 성의 길은 맑은 유리 같은 정금이더라"(계 21:21). 천국에는 하나님과 어린 양이신 그리스도께서 성전이 되십니다. 하나님이 거하시는 천국이기에 해나 달의 빛이 쓸데가 없어지며 하나님의 영광이 비춰고 어린 양이 그 등이 되어서 밝히게 될 것입니다. 만국에서 땅의 왕들이 자기 영광을 가지고 그리로 들어오게 될 것입니다. 이는 천년 왕국 동안 하나님의 백성들이 왕 노릇 하다가 하나님이 주신 영광을 가지고 천국에 들어오는 것으로 묘사될 수 있습니다.

"사람들이 만국의 영광과 존귀를 가지고 그리로 들어오겠고 무엇이든지 속된 것이나 가증한 일 또는 거짓말 하는 자는 결코 그리로 들어오지 못하되 오직 어린 양의 생명책에 기록된 자들뿐이라"(계 21:27).

하나님의 영원한 나라는 어린 양의 생명책에 기록된 자들만이 들어가게 될 것입니다. 그리고 하나님의 백성들이 하나님이 주신 영광과 존귀를 가지고 새 예루살렘에 들어가게 되는 것입니다. 그리고 천국에는 생명수의 강이 흐릅니다. 이는 하나님과 및 어린 양의 보좌로부터 흘러나서 길 가운데로 흐를 것입니다. 강 좌우에는 생명나무가 있어 열두 가지 실과를 맺는다고 했습니다. 생명나무는 영원히 사는 자들이 먹는 실과이기도 합니다.

"또 저가 수정 같이 맑은 생명수의 강을 내게 보이니 하나님과 및 어린 양의 보좌로부터 나서 길 가운데로 흐르더라 강 좌우에 생명나무가 있어 열두 가지 실과를 맺히되 달마다 그 실과를 맺히고 그 나무 잎사귀들은 만국을 소성하기 위하여 있더라"(계 22:1-2).

우리는 생명수의 강에서 생명수를 마시며 하나님과 함께 영원한 복을 누리게 됩니다. 천국은 시간이 존재하지 않는 영원한 곳입니다. 우리의 개념으로는 영원을 이해하지 못할 것입니다. 그러나 분명한 것은 천국은 영원히 하나님과 충만한 은혜를 누리는 영광의 장소라는 것입니다.

천국의 소망은 믿는 자들을 변화시킵니다.

"보라 내가 속히 오리니 이 책의 예언의 말씀을 지키는 자가 복이 있으리라 하리라"(계 22:7).

우리는 곧 주님의 영원한 나라인 천국에 입성하게 될 것입니다. 그렇다면 예수 그리스도의 재림을 사모하는 자는 어떠한 삶을 살아야 할까요?

우리는 하나님의 말씀에 순종하는 삶을 살아야 합니다.

"보라 내가 속히 오리니 이 책의 예언의 말씀을 지키는 자가 복이 있으리라 하리라"(계 21:7).

하나님의 말씀은 신실하고 참된 진리입니다. 그러므로 주님은 예언의 말씀을 지키는 자가 되라고 하셨습니다. "보라 내가 속히 오리니 이 책의 예언의 말씀을 지키는 자가 복이 있으리라 하리라"(계 21:7). 주님께서는 진리를 아는 자들을 향하여 속히 오시겠다고 하셨습니다. 우리는 하나님의 말씀을 지키는 자가 되어야 합니다. 우리가 하나님의 말씀을 지키는 것은 그 분의 말씀에 순종하는 삶을 살아가는 것입니다.

우리는 하나님을 예배해야 합니다.

"저가 내게 말하기를 나는 너와 네 형제 선지자들과 또 이 책의 말을 지키는 자들과 함께 된 종이니 그리하지 말고 오직 하나님께 경배하라 하더라"(계 22:9).

사도 요한은 주님이 보여주시는 환상을 본 후에 너무나 경이

로워서 천사의 발 앞에 경배하려고 했습니다. 그러자, 천사는 자신은 종이기에 오직 하나님께 경배하라고 했습니다. 하나님은 우리를 위하여 놀라운 영원한 나라를 예비하셨습니다. 그분은 우리가 생각하는 것 이상으로 뛰어난 분이기도 하십니다. 우리는 시편 기자와 같이 하나님을 경배하는 자로서 예배자가 되어야 합니다. 하나님의 이름을 높이며 그 분이 행하신 놀라운 일을 찬양하며 예배해야 합니다.

우리는 복음을 선포해야 합니다.

"또 내게 말하되 이 책의 예언의 말씀을 인봉하지 말라 때가 가까우니라 불의를 행하는 자는 그대로 불의를 하고 더러운 자는 그대로 더럽고 의로운 자는 그대로 의를 행하고 거룩한 자는 그대로 거룩되게 하라"(계 22:10-11).

천사는 예언의 말씀을 인봉하지 말라고 했습니다. 이는 하나님의 말씀은 감추어지는 것이 아니라 선포되어야 함을 말씀하신 것입니다. 주님의 때가 가까웠습니다. 불의를 행하는 자는 불의와 더러운 행실로 영원한 지옥 불에 떨어지게 될 것입니다. 그러나 그리스도의 의를 입은 자는 거룩하여 영원한 나라에 입성하게 됩니다. 우리는 예언의 진리를 아는 자로서 담대히 그리스도의 복음을 선포해야 합니다.

우리는 하나님을 섬겨야 합니다.

"보라 내가 속히 오리니 내가 줄 상이 내게 있어 각 사람에게 그의 일한대로 갚아 주리라"(계 22:12).

주님은 우리에게 주실 상이 있다고 했습니다. 주님은 각 사람에게 그의 일한대로 갚아 주시겠다고 하셨습니다. 그러므로 우리는 주님이 주시는 상을 기대하며 섬겨야 합니다. 주님을 위해서 일하며 섬겨야 합니다. 주님이 쓰실 일이 있으면 자신의 시간과 재능과 물질을 드려서 쓰임 받아야 합니다. 우리는 하나님의 청지기로서 최선을 다해 섬기기에 힘써야 할 것입니다.

주님은 우리를 향하여 초청하십니다. 누구든지 와서 생명수를 얻으라는 것입니다. "성령과 신부가 말씀하시기를 오라 하시는도다 듣는 자도 오라 할 것이요 목마른 자도 올 것이요 또 원하는 자는 값없이 생명수를 받으라 하시더라"(계 22:17). 우리가 주님의 영원한 나라에 이르는 길은 예수 그리스도를 믿음으로 값

없이 의롭다 함을 얻는 것입니다.

The Second Coming of Jesus Christ
and the End of the Age

Chapter 9

하나님의 **시간표**

"잇사갈 자손 중에서 시세를 알고 이스라엘이 마땅히 행할 것을 아는 두목이 이백 명이니 저희는 그 모든 형제를 관할하는 자며"(역상 12:32).

시세를 안다는 것은 시대를 분별할 수 있다는 것입니다. 우리는 잇사갈 자손처럼 시대를 분별하고 어떻게 행할 지를 배우는 영적 지혜가 필요합니다. 하박국 선지자는 "이 묵시는 정한 때가 있나니 그 종말이 속히 이르겠고 결코 거짓되지 아니하리라 비록 더딜찌라도 기다리라 지체되지 않고 정녕 응하리라"(합 2:3)고 했습니다. 묵시는 예언입니다. 모든 예언은 정한 때가 있으며, 그 모든 예언은 마지막 날에 모두 성취될 것입니다. 성경의 예언은 세상을 향한 하나님의 시간표를 구체적으로 보여주고 있습니다.

다음은 성경에서 예언한 마지막 시대와 사건들에 대한 설명입니다.

하나님은 시대별 나라에 대한 예언을 성취하셨습니다.

"왕이여 왕이 한 큰 신상을 보셨나이다 그 신상이 왕의 앞에 섰는데 크고 광채가 특심하며 그 모양이 심히 두려우니 그 우상의 머리는 정금이요 가슴과 팔들은 은이요 배와 넓적다리는 놋이요 그 종아리는 철이요 그 발은 얼마는 철이요 얼가는 진흙이었나이다. 또 왕이 보신즉 사람의 손으로 하지 아니하고 뜨인 돌이 신상의 철과 진흙의 발을 쳐서 부숴뜨리매 때에 철과 진흙과 놋과 은과 금이 다 부숴져 여름 타작마당의 겨 같이 되어 바람에 불려 간곳이 없었고 우상을 친 돌은 태산을 이루어 온 세계에 가득하였었나이다"(단 2:31-36).

하나님은 바벨론의 왕인 느부갓네살에게 신상의 꿈을 보여주셨고, 다니엘이 그의 꿈을 해석하게 하셨습니다. 그의 꿈은 바벨론시대 이후로 일어날 역사의 시간표입니다.

다니엘은 느브갓네살의 신상을 통하여 역사를 주관하는 나라들이 일어날 것을 예언했습니다. 첫째, 우상의 정금머리는 느부갓네살 왕이 통치하던 바벨론(B.C. 605-539)을 상징합니다. 그리고 은으로 된 가슴과 팔들은 페르시아 제국(B.C. 539-331)이며, 놋으로 된 배와 넓적다리는 알렉산더 대왕의 그리스(B.C. 331-168)를 상징합니다. 마지막으로 철로 된 종아리는 로마(B.C168-A.D.476)이며, 철과 진흙으로 된 발은 유럽 연합과 같이 열 개의 국가들로 연합하여 세워질 마지막 세계 정부를 의미합니다. 그 후에 사람의 손으로 하지 아니한 뜨인 돌이 철과 진흙의 발을 쳐서 부숴뜨리자 철과 진흙과 놋과 은과 금이 다 부숴지고 바람에 날려 찾아볼 수 없게 됩니다. 이는 온 세상의 나라들을 멸하시고 세워질 하나님의 나라인 천국 왕국을 설명하는 것입니다. 이에 대하여 다니엘은 우상을 쳤던 돌은 태산을 이루어 온 세상에 가득하게 된다고 했습니다. "이 열왕의 때에 하늘의 하나님이 한 나라를 세우시리니 이것은 영원히 망하지도 아니할 것이요 그 국권이 다른 백성에게로 돌아가지도 아니할 것이요 도리어 이 모든 나라를 쳐서 멸하고 영원히 설 것이라"(단 2:44). 하나님께서는 이 세상의 권세를 무너트리시고 영원히 망하지 않는 나라를 세우시는데, 그 나라는 바로 메시야이신 예수 그리스도가 으셔서 세우실 천년 왕국입니다.

하나님은 예수 그리스도의 초림 예언을 성취하셨습니다.

"아들을 낳으리니 이름을 예수라 하라 이는 그가 자기 백성을 저희 죄에서 구원할 자이심이라 하니라"(마 1:21).

예수 그리스도가 이 땅에 오심은 인류의 죄를 씻어주시고 구원하시기 위함입니다. 이는 이사야 53장의 예언의 성취입니다. "우리는 다 양 같아서 그릇 행하여 각기 제 길로 갔거늘 여호와께서는 우리 무리의 죄악을 그에게 담당시키셨도다"(사 53:6). 예수 그리스도는 우리의 죄를 위하여 대신 죽으시고 사흘 만에 부활하셨습니다. 그리고 40일이 지난 후에 하늘로 승천하셨습니다. 하늘로 승천하실 때에 천사 두 사람이 "가로되 갈릴리 사람들아 어찌하여 서서 하늘을 쳐다보느냐 너희 가운데서 하늘로 올리우신 이 예수는 하늘로 가심을 본 그대로 오시리라 하였느니라"(행 1:11)고 했습니다. 주님은 천국에서 처소를 예비하신 후에 우리를 천국으로 인도하시기 위하여 다시 오실 것입니다.

예수 그리스도는 유대인에 의하여 십자가에서 죽임을 당하셨고, 지금까지 유대인들은 예수님이 성경에 예언된 메시야 되심을 거절하고 있습니다. 지금은 하나님의 은혜가 이방인에게 임하여 수많은 영혼들이 구원의 은혜에 이르고 있습니다. 지금은 하나님의 은혜로 인하여 구원을 받는 시대입니다. "... 보라 지금은 은혜 받을만한 때요 보라 지금은 구원의 날이로다"(고후 6:2). 지금은 이방인인 우리가 하나님의 은혜 아래서 예수 그리스도를 구주로 믿어 구원받는 때입니다. 사도 바울은 이방인이 예수 그리스도를 믿고 구원받아 하나님의 자녀가 되는 은혜를 설명하면서 그리스도의 비밀에 대하여 가르칩니다. "영원부터 만물을 창조하신 하나님 속에 감취었던 비밀의 경륜이 어떠한 것을 드러내게 하려 하심이라 이는 이제 교회로 말미암아 하늘에서 정사와 권세들에게 하나님의 각종 지혜를 알게 하려 하심이니"(엡 3:9-10). 하나님의 비밀은 예수 그리스도의 복음을 믿음으로 이방인이 하나님의 자녀가 되어 교회가 되는 것입니다. 교회는 예수 그리스도의 초림에 시작되어 그리스도가 공중재림하실 때까지 이 세상에 존재할 것입니다. 하나님은 교회를 통하여 세상에 복음이 전해지게 하셨고 진리의 말씀을 지키며 가르치게 하셨습니다. 예수 그리스도는 구원받아 그리스도의 신부가 된 교회를 위해서 세상에 다시 오십니다.

하나님은 예수 그리스도의 재림 예언을 성취하실 것입니다.

성경은 예수 그리스도께서 재림하실 것을 예언하고 있습니다. "볼찌어다 구름을 타고 오시리라 각인의 눈이 그를 보겠고 그를 찌른 자들도 볼터이요 땅에 있는 모든 족속이 그를 인하여 애곡하리니 그러하리라 아멘"(계 1:7). 예수님께서 구름을 타고 오실 때에 온 세상은 영광 중에 오시는 주님을 보게 될 것입니다. 주님께서도 친히 "그 때에 사람들이 인자가 구름을 타고 능력과 큰 영광으로 오는 것을 보리라"(눅 21:27)고 하셨습니다. 하나님의 약속은 반드시 이루어지기에, 예수 그리스도의 재림은 분명한 진리로써 우리가 사모해야 할 소망입니다. 성경은 예수 그리스도의 재림에 대하여 다음과 같이 설명하고 있습니다.

예수 그리스도가 오실 때에는 징조가 나타납니다.

" ... 주의 임하심과 세상 끝에는 무슨 징조가 있사오리이까"(마 24:3).

제자들이 예수님께 나아가 "주의 임하심과 세상 끝에는 무슨 징조가 있사오리이까?"라고 질문합니다. 이때 주님께서는 다시 오실 때에 일어날 징조와 사건들에 대하여 가르치셨습니다.

예수님이 다시 오실 때에는 세상이 극도로 타락하여 소돔과 고모라, 노아 시대와 같이 죄가 관영하게 됩니다. "노아의 때와 같이 인자의 임함도 그러하리라"(마 24:37). 주님은 재림의 때를 노아의 때와 같이 타락한 시대가 될 것이라고 하셨습니다. 영적으로는 주님의 경고와 같이 많은 이단들이 출연합니다. "너희가 사람의 미혹을 받지 않도록 주의하라 많은 사람이 내 이름으로 와서 이르되 나는 그리스도라 하여 많은 사람을 미혹케 하리라"(마 24:4-5). 마지막 시대에는 많은 사람이 자신이 그리스도라고 하며 많은 사람들을 미혹합니다. 또 기근과 전염병과 지진이 일어납니다. "처처에 큰 지진과 기근과 온역이 있겠고 또 무서운 일과 하늘로서 큰 징조들이 있으리라"(눅 21:11). 그리고 세상은 내전과 전쟁으로 인하여 많은 사람들이 고통당합니다. "난리와 난리 소문을 듣겠으나 너희는 삼가 두려워 말라 이런 일이 있어야 하되 끝은 아직 아니니라 민족이 민족을, 나라가 나라를 대적하여 일어나겠고 처처에 기근과 지진이 있으리니"(마 24:6-7). 그리고 믿는 자들이 핍박을 당하며 모든 민족에게 미움을 받게 됩니다. "그 때에 사람들이 너희를 환난에 넘겨주겠으며 너희를 죽이리니 너희가 내 이름을 위하여 모든 민족에게 미움을 받으리라"(마 24:9). 마지막 시대에는 믿는 자들이 주님의 이름을 인하여 핍박을 받게 됩니다.

예수 그리스도가 이천 년 전에 오신 것처럼 주님은 다시 오십니다. 우리는 언제 주님이 오실지 알 수 없지만 분명한 것은 주님의 재림의 때가 다가오고 있다는 것입니다. 우리는 주님을 맞을 준비를 해야 합니다.

예수 그리스도의 공중 재림 때에 휴거가 일어납니다.

"주께서 호령과 천사장의 소리와 하나님의 나팔로 친히 하늘로 좇아 강림하시리니 그리스도 안에서 죽은 자들이 먼저 일어나고 그 후에 우리 살아남은 자도 저희와 함께 구름 속으로 끌어 올려 공중에서 주를 영접하게 하시리니 그리하여 우리가 항상 주와 함께 있으리라"(살전 4:16-17).

예수 그리스도는 재림하실 때에 공중으로 먼저 오십니다. 이때 그리스도 안에서 죽은 자들이 먼저 일어나고 그 후에 살아남은 자도 구름 속으로 끌어 올려져 공중에서 주님을 영접합니다. 믿는 자들이 구름 속으로 끌어 올리는 것이 휴거(rapture)입니다.

믿는 자들이 휴거되면 그리스도의 심판대에서 우리의 행실에 대한 상급을 받습니다. "이는 우리가 다 반드시 그리스도의 심판대 앞에 드러나 각각 선악 간에 그 몸으로 행한 것을 따라 받으려 함이라"(고후 5:10). 그리스도의 심판대에서 모든 믿는 자들은 자신들의 행실에 대하여 상급을 받습니다. 주님은 우리가 이 땅에서 행한 모든 믿음의 행실을 격려하십니다. 그리고 우리의 믿음의 희생에 대하여 주님께서 의와 영광의 면류관으로 상급을 주십니다. 그리스도의 심판이 마치면 주님은 우리를 어린 양의 혼인잔치에 초청하십니다. 교회는 그리스도의 신부로서 어린 양과 혼인 예식을 올리는 것입니다. "우리가 즐거워하고 크게 기뻐하여 그에게 영광을 돌리세 어린 양의 혼인 기약이 이르렀고 그 아내가 예비되었으니"(계19:7). 어린양의 혼인 잔치는 예수 그리스도께서 신랑이시고 구원받은 그리스도인들이 신부가 되어 열리는 혼인 예식입니다.

하나님께서 믿는 자들을 공중으로 부르시는 이유가 있습니다. 이는 하나님의 교회가 세상에 있을 칠년 대환난을 피하도록 하시기 위함입니다. 즉, 칠년 대환난이 있기 전에 구원받은 하나님의 자녀들은 공중으로 휴거되어 어린양의 혼인 잔치에 참여합니다. 그래서 사도 바울은 예수 그리스도의 재림을 복스러운 소망이라고 했습니다. "복스러운 소망과 우리의 크신 하나님

구주 예수 그리스도의 영광이 나타나심을 기다리게 하셨으니"(딛 2:13). 예수 그리스도가 영광 중에 나타나시는 것은 우리의 복된 소망입니다. 만일 예수 그리스도가 오시기 전에 칠년 대환난을 거쳐야 한다면 우리의 소망은 고통스러운 소망이 될 것입니다. 그러나 예수 그리스도가 영광으로 다시 오셔서 그리스도인들에게 상급을 주시고 어린양의 혼인 잔치에 교회를 초청하시기에 그리스도의 재림은 모든 믿는 자의 복된 소망입니다.

교회가 휴거된 이후에 지상에서는 칠년 대환난이 시작됩니다.

"이는 그 때에 큰 환난이 있겠음이라 창세로부터 지금까지 이런 환난이 없었고 후에도 없으리라"(마 24:21).

예수 그리스도께서 공중으로 재림하실 때에 교회는 휴거가 되어 공중에서 주님을 영접합니다. 그리고 지상에서는 칠년 대환난의 기간이 시작됩니다. 예수님께서는 대환난에 대하여 "이는 그 때에 큰 환난이 있겠음이라 창세로부터 지금까지 이런 환난이 없었고 후에도 없으리라"(마 24:21)고 하셨습니다. 주님께서는 "그러므로 너희가 선지자 다니엘의 말한바 멸망의 가증한 것이 거룩한 곳에 선 것을 보거든"(마 24:15)이라고 하시며 대환난이 시작될 것이라고 하셨습니다. 다니엘이 예언한 '멸망의 가증한 것이 거룩한 곳에 선 것을 보거든'의 의미는 적그리스도가 성전에 앉아 숭배 받기 시작하는 때입니다. 주님은 이것을 보거든 산으로 도망하라고 하셨습니다. 왜냐하면 이 때가 대환난의 시작이 일어나기 때문입니다.

다니엘서 9장은 마지막 시대에 대한 예언을 기록하고 있습니다. "네 백성과 네 거룩한 성을 위하여 칠십 이레로 기한을 정하였나니 허물이 마치며 죄가 끝나며 죄악이 영속되며 영원한 의가 드러나며 이상과 예언이 응하며 또 지극히 거룩한 자가 기름부음을 받으리라"(단 9:24). 하나님께서는 이스라엘과 예루살렘을 위하여 칠십 이레로 기한을 정하셨습니다. 한 이레는 칠년으로 총 490년입니다. 칠십 이레 동안에 허물과 죄가 끝나며 죄가 영원히 속죄됩니다. 그리고 영원한 의가 드러나 예언이 성취되며 거룩한 자이신 메시야가 기름부음을 받게 될 것입니다. 기름부음을 받는 것은 메시야가 오셔서 하나님의 구속의 역사를 성취할 것에 대한 예언입니다. "그러므로 너는 깨달아 알찌니라 예루살렘을 중건하라는 영이 날 때부터 기름부음을 받은 자 곧 왕이 일어나기까지 일곱 이레와 육십이 이레가 지날 것이요 그 때 곤란한 동안에 성이 중건되어 거리와 해자가 이룰 것이며"(단 9:25). 예루살렘을 중건하라는 영이 나고 기름부은 자 곧 메시야가 일어나기까지 육십 구이레입니다. 아닥사스다 왕이 느헤미야 2장 1절에서 예루살렘을 중건하라는 명을 내리는 해가 B.C.445년입니다. 그리고 예수님께서 예루살렘에 입성하셔서 자신을 메시야로 나타내신 해가 A.D.30년입니다. 육십구 이레라고 한다면 483년이어야 하는데, 연대기로 보면 475년입니다. 이는 유대인은 태양력인 365일이 아닌 태음력을 사용함으로 성경에서는 1년을 360일로 계산함으로 483년이 되는 것입니다. 육십구 이레가 지난 이후에는 메시야이신 기름부은 자가 끊어집니다. "육십 이 이레 후에 기름부음을 받은 자가 끊어질 것이며 장차 한 왕의 백성이 와서 그 성읍과 성소를 훼파하려니와 그의 종말은 홍수에 엄몰됨 같을 것이며 또 끝까지 전쟁이 있으리니 황폐할 것이 작정되었느니라."(단 9:26). 메시야가 끊어지는 것은 예수님께서 십자가에서 죽으심이며, 왕의 백성이 와서 성읍과 성소를 훼파하는 것은 A.D.70년에 로마의 디도 장군이 예루살렘을 멸망시키는 것입니다. 다니엘이 예언한 육십구 이레와 칠십 이레 사이에 메시야의 죽음과 예루살렘의 황폐화는 역사적으로 성취되었습니다.

그리고 다니엘은 마지막 한 이레인 칠십 이레를 설명합니다. "그가 장차 많은 사람으로 더불어 한 이레 동안의 언약을 굳게 정하겠고 그가 그 이레의 절반에 제사와 예물을 금지할 것이며 또 잔포하여 미운 물건이 날개를 의지하여 설 것이며 또 이미 정한 종말까지 진노가 황폐케 하는 자에게 쏟아지리라 하였느니라"(단 9:27).

다니엘은 한 사람이 많은 사람과 한 이레 동안에 언약을 맺지만, 그 이레의 절반에 제사와 예물을 금지하며 잔포하여 미운 물건이 날개를 의지하여 설 것이라고 했습니다. 이에 대하여 예수님께서는 다니엘 9장 27절에서 언급하신 '멸망의 가증한 것이 거룩한 곳에 선 것을 보거든'이 성취되는 때가 환난의 시작이라고 하셨습니다. 이때는 적그리스도가 일어나서 거짓으로 이스라엘과 언약을 맺고 성전에서 제사와 예물을 드리기 시작하는 때입니다. 그러다가 칠 년의 절반에 이르러 적그리스도가 언약을 깨고 하나님께 드리는 예물을 금지하고 잔포하고 미운 물건이 날개를 의지하여 서게 합니다. 이는 적그리스도가 성전에 앉아 자신을 하나님이라 칭하는 사건이 일어나는 것을 의미합니다. 이에 대하여 데살로니가후서는 적그리스도를 불법의 사람 곧 멸망의 아들이라고 했습니다(살후 2:3-4). 적그리스도는 하나님을 대적하는 자로서 스스로를 하나님이라 칭하는 멸망의 가증한 자입니다.

다니엘의 칠십 이레의 예언은 무너진 예루살렘을 중건하라는 명이 일어날 것과, 메시야가 자신을 왕으로 드러내는 예루살렘 입성을 예언합니다. 그리고 메시야이신 예수님께서 십자가에서 죽으시고 거룩한 성인 예루살렘이 황폐화될 것을 가르칩니다. 마지막으로 칠십 이레는 적그리스도가 성전에 앉아 자신을 하나님이라고 하는 배교에 대한 예언을 보여주는 것입니다. 교회가 휴거된 이후에 지상에서는 적그리스도가 나타나면서 대환난이 시작됩니다.

칠년 대환난은 19개의 인과 나팔과 대접 재앙이 있은 후에 아마겟돈 전쟁으로 마무리하게 됩니다. "세 영이 히브리 음으로 아마겟돈이라 하는 곳으로 왕들을 모으더라"(계 16:16). 아마겟돈에서 전 세계의 군대가 예루살렘을 공격할 때에 예수님께서 지상으로 재림하십니다. 주님이 하늘에서 지상으로 재림하시며 아마겟돈에 모인 군대를 멸하시고 예루살렘으로 입성하십니다(계 19:15-16). 예수 그리스도께서 지상 재림하시는 곳에 대하여 스가랴는 예루살렘 동편 감람산에 서실 것이라고 했습니다. "그 날에 그의 발이 예루살렘 앞 곧 동편 감람산에 서실 것이요..."(슥 14:4). 예수 그리스도께서 감람산에 강림하시는 모습에 대하여 스가랴는 "... 나의 하나님 여호와께서 임하실 것이요 모든 거룩한 자가 주와 함께하리라"(슥 14:5)고 했습니다.

예수 그리스도는 지상 재림 하셔서 천년 왕국을 세우십니다.

"여호와께서 천하의 왕이 되시리니 그 날에는 여호와께서 홀로 하나이실 것이요 그 이름이 홀로 하나이실 것이며"(슥 14:9).

예수 그리스도는 다윗의 자손으로 오셔서 이스라엘의 합법적인 왕으로 통치하십니다. 스가랴 선지자는 "여호와께서 천하의 왕이 되시리니 그 날에는 여호와께서 홀로 하나이실 것이요 그 이름이 홀로 하나이실 것이며"(슥 14:9)라고 했습니다. 예수 그리스도께서 온 세상의 왕으로 천 년간 다스리시는 기간이 천년 왕국입니다.

천년 왕국은 예수님이 세우시고 통치하시는 나라입니다. "이 열 왕의 때에 하늘의 하나님이 한 나라를 세우시리니 이것은 영원히 망하지도 아니할 것이요 그 국권이 다른 백성에게로 돌아가지도 아니할 것이요 도리어 이 모든 나라를 쳐서 멸하고 영원히 설것이라"(단 2:44). 천년 왕국의 때에는 하나님의 자녀들이 주님과 함께 왕같이 다스립니다. "... 그들이 하나님과 그리스도의 제사장이 되어 천년 동안 그리스도로 더불어 왕 노릇 하리라"(계 20:6). 이때는 천년 동안 하나님의 자녀들이 그리스도로 더불어 왕 노릇하며 다스리는 시대입니다. 예수님이 천 년간 다스리실 때에 사탄을 무저갱에 일천 년간 가둡니다. "용을 잡으니 곧 옛 뱀이요 마귀요 사단이라 잡아 일천년 동안 결박하여 무저갱에 던져 잠그고 그 위에 인봉하여 천년이 차도록 다시는 만국을 미혹하지 못하게 하였다가 그 후에는 반드시 잠간 놓이리라"(계 20:2-3). 그리고 천 년이 지나 무저갱에 갇혀있던 사탄이 놓이게 되자 하나님을 대적하여 전쟁을 일으키지만 하나님이 그들을 불과 유황 못에 던져 심판하십니다(계 20:7-10). 사탄은 결국 하나님을 대적하다 그의 멸망의 처소인 유황불로 타는 최후의 지옥에 떨어집니다.

하나님은 천년 왕국이 끝난 후에 죄인은 유황 불못으로 보내시고, 의인은 영원한 천국으로 보내십니다.

"사망과 음부도 불못에 던지우니 이것은 둘째 사망 곧 불못이라 누구든지 생명책에 기록되지 못한 자는 불못에 던지우더라"(계 20:14-15).

사람이 한 번 죽으면 영혼이 소멸되는 것이 아니라 하나님 앞에 서서 심판을 받습니다. "한 번 죽는 것은 사람에게 정하신 것이요 그 후에는 심판이 있으리니"(히 9:27). 사람이 한 번 죽는 것은 정하신 일입니다. 그러나 그 후에는 심판을 받아야 합니다. 그 심판은 백보좌 심판입니다. 자신의 죄 가운데 죽은 자는 요한계시록의 말씀과 같이 백 보좌 앞에서 심판을 받아 영원한 형벌에 떨어집니다. "… 주 예수께서 저의 능력의 천사들과 함께 하늘로부터 불꽃 중에 나타나실 때에 하나님을 모르는 자들과 우리 주 예수의 복음을 복종치 않는 자들에게 형벌을 주시리니 이런 자들이 주의 얼굴과 그의 힘의 영광을 떠나 영원한 멸망의 형벌을 받으리로다"(살후 1:7-9). 하나님의 복음을 듣고 믿지 않는 자들에게는 하나님이 형벌을 주심으로 영원한 멸망의 형벌을 받습니다. 영원한 멸망의 형벌은 사탄의 처소인 지옥 불입니다. 지옥은 영원히 타는 불 호수입니다.

구원받은 하나님의 자녀들은 영원한 하나님의 나라에 들어가게 됩니다. 주님은 제자들에게 우리를 위하여 처소를 준비하시고 다시 오셔서 우리를 천국의 처소로 데려가신다고 약속하셨습니다. 사도 요한은 천국을 이렇게 묘사했습니다. "또 내가 새 하늘과 새 땅을 보니 처음 하늘과 처음 땅이 없어졌고 바다도 다시 있지 않더라 또 내가 보매 거룩한 성 새 예루살렘이 하나님께로부터 하늘에서 내려오니 그 예비한 것이 신부가 남편을 위하여 단장한 것 같더라"(계 21:1-2). 우리는 예수 그리스도를 믿고 구원받아 하나님의 자녀가 되었습니다. 우리의 시민권은 하늘에 있기에 우리의 영원한 본향은 천국입니다. 하나님께서는 우리에게 천국을 기업으로 얻게 하셨습니다.

우리는 시대를 구별하여 어떻게 행할지를 정해야 합니다. 우리는 이 시대에 예수 그리스도의 복음을 전하고 주님의 몸 된 교회를 세우는 일에 헌신해야 합니다. 주님은 우리의 수고를 천국에서 갚아 주십니다. "보라 내가 속히 오리니 내가 줄 상이 내게 있어 각 사람에게 그의 일한대로 갚아 주리라"(계 22:12). 주님께서는 우리에게 줄 상이 있어서 우리의 일한대로 갚아 주신다고 하셨습니다. 주님이 주실 상을 기대하며 세상과 타협하지 않고 믿음의 길을 걸어가는 성도가 되어야 합니다.

하나님의 시간표

창조시대	족장시대	율법시대	교회시대	천년대환난	천년왕국	영원한 나라
창조	아브라함의 언약	모세의 율법	그리스도의 죽으심과 부활, 승천 그리스도의 초림 공중재림과 교회의 휴거 (살전 4:16, 17) 그리스도의 신랑대(고후 5:10) 어린양의 혼인잔치 (계 19:6)	그리스도의 지상재림 (마 24:21, 단 9:27, 계 6-18장)	그리스도의 천년왕국 (계 20:1-15)	백보좌심판 (계 20:11~15)

창조
· 창조 (창 1-2장)
· 타락 (창 3장)
· 대홍수 (창 6-9장)
· 민족들 (창 10장)
· 바벨탑 (창 11장)

이브라함의 언약
· 아브라함 (창 12~28장)
· 이삭 (창 21~35장)
· 야곱 (창 25~49장)

모세의 율법
· 시내산 언약 (출 24장)
· 출애굽 (출 13장)
· 가나안 정복 (수 21장)
· 판벽 (삿 24:9~10)
· 다윗의 솔로몬 (삼상, 삼하)
· 이스라엘의 타락과 멸망 (열대상, 열대하)
· 바벨론 포로의 귀환 (에스라, 느헤미야)
· 다니엘의 예언 (단 2, 7장)

  바벨론
  페르시아
  그리스
  로마
  미래 (재건 로마제국)
       (세계정부)
       천년왕국

- 종말의 징조 -
① 미혹의 영 (마 24:5)
② 전쟁 기근, 전염병, 지진 (마 24:6~7)
③ 핍박 (마 24:9-10)
④ 사랑이 식음 (마 24:12)
⑤ 국가 관계함 (담후 3:1-5)
⑥ 이스라엘의 회복 (마 24:32)

- 칠년대환난 -
① 성전 재건과 제사의 회복 (단 9:27)
② 적 그리스도의 출현 (단 9:27, 마 24:15, 살후 2:3~4)
③ 대환난 (계 6~18장)
④ 아마겟돈 전쟁 (계 16:12~21, 계 19:15~21)
⑤ 감람산으로 오시는 예수 그리스도 (슥 14:4)

④ 임과 염소의 심판 (마 25:3~33)
② 예수 그리스도가 왕으로 다스리심 (슥 14:9)
③ 성도가 그리스도와 함께 천년간 왕노릇 함 (계 20:6)
④ 회복 미국의 정경 (계 20:7~10)
⑤ 의와 공평의 나라 (사 23:5~6)
⑥ 자연 피조물의 회복 (사 65:25)

· 새 하늘과 새 땅 (계 21:1)
· 천국 (계 21장)
· 지옥 (계 20:14~15)

The Second Coming of Jesus Christ
and the End of the Age

참고 문헌

1. Charles C. Ryrie Basic Theology Victor Books. Wheaton.

2. Clarence Larkin Dispensational Truth or God's Plan and Purpose in the Ages Clarrence Larkin, Pasadena.

3. Henry C. Thissen Lectures in Systematic Theology William B. Eeramans Publishing Company, Grand Rapids.

4. J. Dwight Pentecost Things to Come: A Study in Biblical Eschatology Zondervan, Grand Rapids.

5. John F. Walvoord The Revelation of Jesus Christ Moody Press, Chicago.

6. John F. Walvoord Roy B. Zuck The Bible Knowledge Commentary Old Testament Victor Books, Wheaton.

7. John F. Walvoord Roy B. Zuck The Bible Knowledge Commentary New Testament Victor Books, Wheaton.

8. John F. MacArthur The MacArthur Study Bible Crossway, Wheaton.

9. John F. MacArthur The Second Coming Signs of Christ's Return and the End of the Age Crossway, Wheaton.

10. M.R. De Haan The Second Coming of Jesus, Kgegal Publications, Grand Rapids.

11. Paul Enns The Moody Handbook of Theology Moody Press, Chicago.

13. Renald Showers Maranatha Our Lord, Come A Definitive Study of the Rapture of the Church, The Friends of Israel Gospel Ministry, Inc., New Jersey.

14. Williams Evans The Great Doctrines of the Bible Moody Press, Chicago.

15. 무디성경주석 무디 신학교 교수진 기고(김순현, 정옥배 외 옮김) 국제제자훈련원.